拍戲等待中......
①
ZZZZ
②
ZZZZ
③
喝呼喝呼
④ 放飯了！沒事的先吃
排骨便当
養樂多

哇哩勿入!
①
过年前……
大收工、新年快樂
②
过年後……
胖了一些些
怎麼變圓了，这要怎麼連戲
收工了!
明天早班了吧
明日沒班
立馬揪人去夜唱，
假睫毛沒拆

哇！不會吧！

勇於改變，
接受挑戰
就可以
擁有幸福

人人都應該學表演
娛樂大眾，普渡眾生

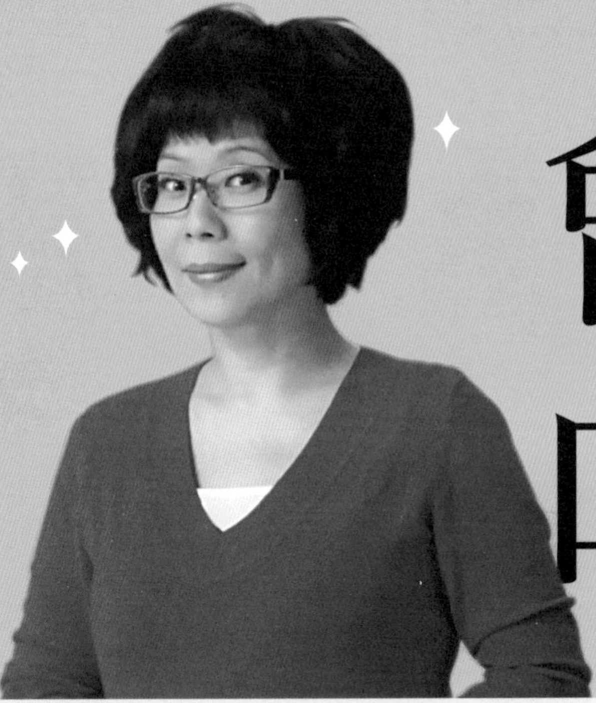

陳幼芳——著

目次

【推薦序】

陳幼芳這個男人婆！　陶冶文藝基金會董事長／陶傳正……10
演員，來自豐富的人生　果陀劇場藝術總監／梁志民……14
哇，原來是這樣！　知名藝人／蔡燦得……18

第一幕　叮叮沸沸，歪歪怪怪

眷村的大笑姑婆，自卑的胖冬瓜……24
一見鍾情，天雷勾動地火的情人—吉他……34

第三屆金韻獎民歌大賽……40
第一次上台演講……48
命運真是捉弄人啊！……53

第二幕　井底青蛙向外跳

壯妞的狗屎運……64
無情的羞辱……71
金馬獎算什麼！有聽過沙沙獎嗎？……78
井底的青蛙準備向外跳……86
工作的七年之癢……95

隔行如隔山：別盡是沉溺於過去的輝煌……101
徹底心寒……107

第三幕　娛樂大眾，普渡眾生

意外認識果陀劇場……116
三十二歲才確定自己演戲的天分……122
淡水小鎮×張雨生……128
完全幸福手冊很幸福……135
我終於出運了！……140
《吻我吧娜娜》：小寶人生謝幕曲……147

關於劇場與角色功課……155

第四幕 人人都要學表演

廣告需要「精準」的表演……166
電視演出邀約不斷……172
為自己爭取模仿陳文茜……177
演員必須學會適應……183
健康亮起紅燈……189
再見瑞蓮之恐怖遭遇……196

陶大偉教我的事……202
我的表演教學……208

第五幕　我的 Mr. Right

我偷了勞力士……216
勇敢道歉的禮物……221
我的初戀是一齣荒謬劇……226
我的愛情被判了死刑……231
四十歲的生日願望……237
視覺年齡重不重要？……243

再戰……248
屢敗之後的省思……254
背水一戰……261
敗部復活……266
都是功課……271
又1／2【後記】……277

幕後

我要感謝的是……280

【推薦序】

陳幼芳這個男人婆！

陶冶文藝基金會董事長／陶傳正

我認識她時，對她真的沒什麼好感。那時的我已開始演戲了，所以也會常常看別人演戲。看過她演的幾部舞台劇，只要她一上場，就覺得挺吵的，因為她的聲音低沉，但是很大聲，講話又快，所以看戲時只要她一出現，我心裡會想：哎喲！怎麼又是這個男人婆！

說實話，陶爸自幼就比較喜歡像女人的女人，也就是溫柔，嫻雅，偶爾再掉幾滴眼淚的女孩子。顯然幼芳不是。

等到我開始參加果陀的舞台劇演出，才真正認識幼芳。直到現在，我還是把她當個男的！雖然她的身材沒話說，該大的大（胸部），該小的小（臀部），該長的長（腿），該短的短（舌頭）。可是講起話來，比男的還像個男的。這樣也好，省得陶媽不放心。加上我們的女主角大半都是歌壇巨星蔡琴，也不怎麼女性，所以大家在一起聊天喝酒時，好像也沒把各自的性別當回事。

在果陀演了五齣戲，有四齣都有幼芳。我們兩個有點哥們，加上她講話也很直，幾乎是一根腸子通到底（怪不得常常拉肚子！），雖然導演是個撲克臉，大家排戲時都很嚴肅，但是只要導演不在，我們就很放鬆啦！天南地北地瞎聊，雖然沒有什麼建設性，但是只要談到導演，大家都是同仇敵愾，步調一致！

好久沒遇到她了，接到她的電話，說要出書。可能是我有寫過兩本不暢銷書的經驗，她才會問我覺得如何？

我說很好啊！但是要靠出書賺錢，那幾乎是件不可能的事！不過可以當成自己大半生的紀錄留念，也讓人家知道妳到底都幹了些什麼事。我看過她的初稿，建議她可以再多寫一些；她還真聽話，又寫了兩萬字。

我把整本書稿看完，連相片也一張一張地看，才發覺她的人生還真的是精彩。從她的小時候開始寫起，然後一直寫到現在。她還真沒白活！而且這個男人婆可是愛恨分明。喜歡誰，她寫；討厭誰，她照寫；交了幾個男朋友，她也寫！連偷了同學的勞力士手錶，她都敢寫！這點我就不如她了。小時候，常偷老爸皮夾裡的錢，我一直都不敢跟大家講。

幼芳的人生，套一句她自己的話：「謝幕，啟幕間，都是我的美好人生！」

（奇怪？好像這句話還挺熟的……妳老實說！是哪裡抄來的！）

書要出版了，大聲婆要我幫她寫幾句話。想了一個禮拜，不知道要寫什麼。忽然悟出一個道理，我寫太多書中的內容，大家還要看什麼啊？讀者自己看！你覺得可以從中學到什麼，自然就可以學到，你覺得哪裡好笑，你就邊看，邊笑。至於勞力士那段……就不用學啦！因為有手機以後，手錶的功能就已被取代了大半！

還是要恭喜幼芳出書愉快！大賣是不可能的啦！賣個幾萬本就行了！

記得，要繼續寫下一本！

【推薦序】

演員，來自豐富的人生

果陀劇場藝術總監／梁志民

「打起精神來，我們不能放棄！」

提起幼芳，這個跟我合作超過二十年、將近三十多個作品的演員，雖然她扮演的經典角色、講過的經典台詞不少，但是她在講這句《開錯門中門》裡簡單有力的台詞的樣貌，仍是我在想到她時，第一個會浮現的印象。我相信她自己也是，否則她不會用這齣戲裡「瑞蓮」這個角色，當作臉書的大頭貼，而且放了很久。

教表演的時候，我常對學生做個比喻：演員和角色就像是站在橋的兩端，有的時候演員會走向角色、有的時候角色會走向演員、有的時候兩者會在橋的中間相會……。《開錯門中門》裡的瑞蓮，就像最後者，她是個劇作家想像出來的角色，但因為幼芳這個演員的個性、加上對角色的理解、詮釋，在舞台上，觀眾彷彿看到活生生的這樣一個人物：勇敢、積極、富有正義感，偶爾在慌亂之中會有一些脫序的趣味，最重要的是，不管在任何狀況下，永遠沒有失去幽默感！她和另一位劇中主角，忙亂地穿梭在四十年的時光裡，拯救善良無辜的家人。現實生活裡，除了無法穿越時空外，以上的所有形容，其實用在幼芳身上完全適用。

和幼芳的合作，始於一個巧合。一九九二年，我在做經濟部委託的一個案子，快要演出時，女主角出了車禍，經過朋友的介紹，認識了她，然後就開啟了長達二十多年的合作關係。第二年（一九九三年），果陀劇場要在國家戲劇院演出《淡水小鎮》，這是劇團創團以來第一次站上國家戲劇院的舞台，對所有果陀人而言，具有非常重大的意義。《淡水小鎮》劇中的兩家人，我分別設定為外省人和本省人，外省的這家姓陳（好巧！），一九九三年到今年（二〇一六年），二十年間，經歷六個不同的版本、在數十個不同的城市、演出過數百場，這位「陳太太」，一直都是幼芳扮演。我常在演講或是宣傳時開玩笑說：「幼芳二十年前演出這個角色是『超齡』演出，因為是三十歲的演員演出四十歲。二十年後，她仍然還是『超齡』演出，因為是五十歲的演員演出四十歲。」時間彷彿沒有在她身上留下什麼痕跡，穿上戲服，她還是觀眾心目中，有點嘮叨、做菜餵雞非常俐落，並且溫暖而有智慧的「陳太太」。

很多人羨慕「演員」這個行當，因為看到的是光鮮亮麗地站在舞台上或是出現在螢光幕裡。但是我總覺得，做為一個演員，最幸運也是最值得的，是可以過很多種不同的人生；最妙的是，下了戲、或是戲殺青了，他又可以回到自己的人生裡；並且不斷地，從自己、或是別人的人生經驗中，獲得養分，再豐富下一次的表演。如此周而復始的良性循環，好的演員，在自己的職場裡不斷累積進步，並且從劇本、所扮演的角色中，獲得生活的借鏡和進步。幼芳在果陀舞台上所扮演的每個角色，我可以拍胸保證，都是她在排練的每一分鐘裡，兢兢業業地揣摩、發展出來的。也因為這樣，就如您待會兒在她的書裡讀到的，她所扮演的這些角色，毫無保留地回饋給她，豐富的人生。

祝福幼芳，在舞台上、人生裡，一天比一天更豐富！

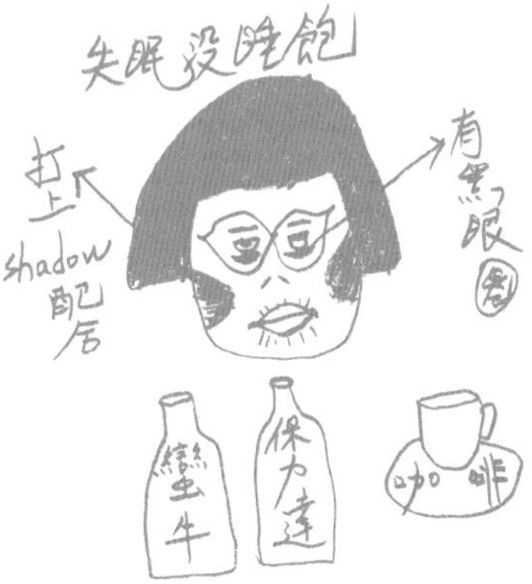

【推薦序】

哇，原來是這樣！

知名藝人／蔡燦得

與幼芳姊從二〇〇六年的《淡水小鎮》認識至今，她一直是我心中、眼中、口中，那「傳奇」的存在。

初次感到傳奇，是排演《淡水小鎮》。雖然早就聽聞她演了好多年同一個角色，但隔了那麼久沒演，再復排，總還是要花點兒時間找回記憶吧？

但是她沒有。她不但根本不用拿劇本，還把劇中每個演員的對白和走位都記得清清楚楚。

接著另外一個傳奇，就是上了台之後的她。每個舞台劇的前輩都會提醒我，因為每場觀眾不同，演員之間的化學作用不同，所以要我別去期待這一場觀眾有反應的點，下一場的觀眾還是會埋單。

但是她不是。只要是她演出的部分，每一場的觀眾，反應都是一樣的。應該好笑的地方，她就是有辦法讓觀眾笑，同樣地，哭也是。

到底為什麼會有人在表演上可以永遠那麼如一地精準，但私生活卻也永遠那麼如一地神經大條呢？

初次感到她的神經大條（她稱之為白目），也是《淡水小鎮》。當時飾演全劇對白、走位最多的「舞台監督」是陶大偉叔叔。雖然我才幾歲大的時候就和陶叔叔一起工作，早就相熟，但誰不是把他當成大前輩，尊敬得不得了。

但是她沒有。她在陶叔叔第一次整排的時候，就當眾跟他說：「請你把口香糖吐掉。」

接下來說的事，也是發生在陶叔叔身上。那時我們三人一起演《開錯門中門》，幼芳姊的戲多到爆，通常演員們遇到這種狀況，都是先顧好自己要緊，才沒多餘的心力去在意別的事。

但是她不是。我每天都在後台看到她嘴上背著那大串大串的台詞，然後從自己的化妝間，走過長長的走廊，到陶叔叔的化妝間，去抽查他有沒有在偷抽菸。如果化妝室裡找不到人，她就會到處找，直到確定陶叔叔沒有偷抽菸為止，她才會再匆匆忙忙回到自己的化妝間，繼續準備她的演出。

其實，這麼多年來，屬於幼芳姊的傳奇和白目，短短的篇幅才不夠寫，但總算有這本書，讓我一解疑問：「哇，原來是這樣！」原來就是這樣的歷練，才會有一個這麼可愛的幼芳姊。

寫這篇時，我腦中老是有一個畫面，這個畫面從我開始演《淡水小鎮》就一直存在我的生命裡。

那是我在台上演出的時候，還不用上場的幼芳姊，就窩在舞台旁觀眾看不到的地方，看著我演出的樣子。不知道為什麼，只要我的眼角餘光瞄到她在那兒，我就會很安心。雖然我知道，或許下了台後，她會過來給我筆記，雖然我知道，有些人會覺得這樣的她真的很白目，但是我卻總是覺得暖暖的。

她就是這麼一個不藏私的好夥伴、好姊姊、好老師。這個世界如果人人都像她，應該會美好和開心很多很多很多。

第一幕

叮叮沸沸，歪歪怪怪

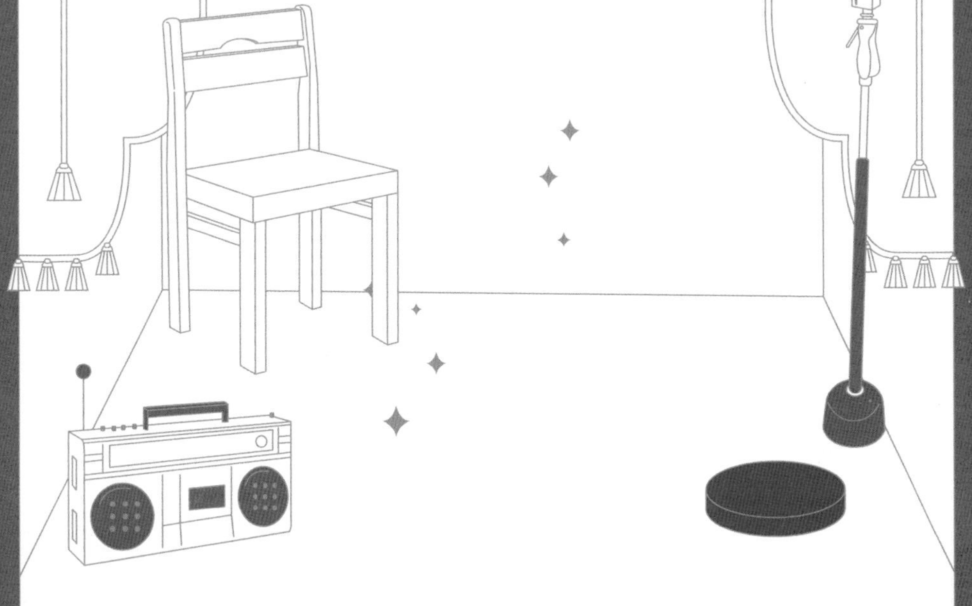

眷村的大笑姑婆，自卑的胖冬瓜

我爸媽都是廣東人，因為我常常毫不修飾地大笑，所以我爸常用廣東話數落我是「大笑姑婆」，還罵我「叮叮沸沸、牢牢搞搞、歪歪怪怪、嘪嘪ㄘㄟˇㄘㄟˇ」，意思就是瘋瘋癲癲，三八又愛作怪。

父親是民國三十八年跟著國民政府從大陸來台灣的軍人，和母親是相親結婚的，從小我們是在眷村長大。家中五個小孩，每個小孩都差兩歲。大哥從小就過繼給只有母親一個女兒、住在新竹的外公外婆養，所以我們對這個哥哥的感覺是又敬又畏的陌生人。「**冬瓜**」這個綽號，是哥哥因為我胖胖的身材為我取的。

▲小時候過年父親帶我們四個小孩到任職的警衛旅，最右邊的是我。

▲從左至右：我、爸爸、弟弟、香港叔叔。
請注意那大外八腳，其實就當年這模樣，我哥幫我取「冬瓜」
這綽號好像蠻貼切的！

我排行老三，上面還有個姊姊，弟弟排行老四，還有個最小的老五妹妹，但是她很小的時候就送人了。因為當軍人的父親收入有限，養不起這麼多個孩子。大了才聽媽媽說，本來我也要送人的，是媽媽不答應。

記得妹妹送人的那天，我從幼稚園放學回家——那個年代民風樸實，從未聽說有過什麼綁架案，所以才幼稚園的我都是自己回家的，不對！應該是眷村人家都沒什麼錢，歹徒沒興趣才對吧。回到家知道好小好可愛的妹妹送人了，我大哭大鬧了好久。

長大後，媽媽多方打聽這個送出去的妹妹想見上一面，但直到媽媽辭世都未能如願，當年將妹妹送走最難過的就是媽媽，因為那畢竟是她懷胎十月的心頭肉啊！

但媽媽的好賭是我小時候的最痛。那時候我最羨慕鄰居的小孩放學回家就能看到媽媽在煮飯燒菜，因為我媽媽幾乎都不在家，而是打麻將去了，所以我們家經常上演的戲碼是：沒飯吃的一家人等打完麻將的媽媽回來；但是等到媽媽一回來我就會趕緊到廚房藏菜刀，因為氣頭上的爸爸都會要拿菜刀砍媽媽。

為什麼不讓我給外公外婆養？為什麼送人的不是我？我討厭這種家庭氣氛，我恨媽媽因為好賭不顧家庭的自私行為，我怨老天為什麼要讓我生在這樣沒有溫暖只有爭吵的家庭，他們為什麼不乾脆離婚算了？如果當時爸媽要離婚，我大概會跟爸爸吧！

▲小學時期最討厭考試念書，所以拍照都不笑。

但爸爸的壞脾氣也是夠可怕的，最記得的就是念小學時爸爸教我算術，教了很多遍我還是不會，於是爸爸彎起手指邊敲我的頭邊罵我：「怎麼那麼笨，教了這麼多遍都還不會！」所以「我很笨」就是小時候我對自己的認知，而「自卑」就是伴隨著「我很笨」而產生的心理狀態。

從此，我再也不敢問父親功課的問題，家裡也沒人關心過我的學業，應該是放棄了吧！我的家庭聯絡簿，家長簽名處的簽名都是我自己簽的；考試就靠偷看；功課沒寫就用騙的，藉口被弟弟撕掉了、忘了帶、檢查過了。不知當時的老師是真被騙？還是對我這種沒啥希望的學生也放棄了？而讓我最受傷的是，如果家裡有客人來，爸爸會驕傲地向人提及他那三個功課不錯的小孩，不小心地就跳過功課最差的我。久而久之，當有陌生的客人到家裡來，我就會很識相地消失。

可能因為「笨」又胖，我在家中所遭受的對待似乎特別嚴苛，尤其是敲我頭的爸爸。有一次，我不過才從爸爸口袋偷拿了五毛錢，他滿村子追著我打。當時如果爸媽要離婚，我大概會跟媽媽吧！

但我從小就胖這是不爭的事實，因為我爸爸常在餐桌上跟我說：「怕胖就多吃飯少吃菜。」爸爸是軍人，所以我們家的飯都是用糧票領的，不用錢，我到現在都因為爸爸灌輸我這種錯誤觀念，導致減肥成為我從不曾停止的功課感到耿耿於懷。不過再想想，也是因為家裡沒什麼錢，怕我把菜都吃完了吧！

▲小學三四年級左右，校外活動去外雙溪郊遊，和導師和同學合照。最右邊的我，站姿是不是很像芭蕾舞者？

不過我真的很愛吃。偷吃泡牛奶的方糖；做菜用的黃砂糖；撿地上乾掉的酸梅核來吃，放在舌頭舔一舔還是會有酸酸的味道；和村子裡也不愛念書的小孩，去偷人家種的還綠綠的番茄，結果被發現就趕快逃跑；到稻田裡抓蚱蜢烤牠的腿來吃，有一次掉到蓄糞池差點淹死，一路臭回家，當然又免不了被一陣痛罵。當時的我好希望快點長大賺錢，這樣我就可以買很多糖果、酸梅吃個夠。

其實日子也並非一直這麼窮困。

有個住在香港做成衣的叔叔（不是親叔叔）沒有結婚，每年都會來我們家，這位聖誕叔叔是我最期待最喜歡的人了，他總是帶來對我們而言屬於奢侈的禮物，巧克力、蘋果、牛仔褲，還有他自己生產的成衣等等。我們三個小孩看到巧克力，就會先分成三等份，一人一份，吃完就沒了。我總是一次就吃完，避免夜長夢多被別人偷吃掉，還是放進自己肚子裡最安全。

至於蘋果，在那個年代屬於高貴又貴的奢侈品，爸爸一個月的薪水還買不起幾顆，問題是，想買還買不到呢！因為是進口的舶來品，蘋果讓我有了難得的虛榮和炫耀的時刻，我總是拿著蘋果，站在門口故意讓鄰居小朋友看到，心裡想著這些窮酸小孩大概都沒吃過，就假裝不是故意地刻意大口吃給他們看，那種感覺比蘋果的滋味還好。當然，不是每次時間都配合得剛好，只要我拿著蘋果到門口沒看到鄰居小孩，我就會取消表演，靜待下回觀眾到齊，反正絕不會在沒人看到時輕易將蘋果吃掉。

▲父親軍職退役進入德明商專任職，帶我和姐姐一同參加德明商專的學校旅遊。

還有叔叔帶來的牛仔褲，都是台灣少見的流行款式，只能說太「騷包」了。而且叔叔一來就會帶我們去茶樓飲茶，那一籠一籠的點心真是人間美味啊！還有帶我們到西門町「今日百貨」樓上玩電動車。看到喜歡的東西，叔叔也一定買給我。所以每年我最期待的就叔叔到來，讓我可以過足當有錢人家小孩的癮，我也覺得世界上這個叔叔對我最好。

再苦的日子都有值得期待的事，簡單的小小滿足就可以讓灰色的生活添上亮麗的色彩。不要懷疑父母對你的愛，有時候生活的重擔讓他們喘不過氣，多些體諒多給些時間。

欸！虛榮又愛炫耀的陳冬瓜，妳正經八百地說教有點噁心耶。

喂！誰寫書不來兩句振奮人心又鼓勵的話啊！

一見鍾情
天雷勾動地火的
情人——吉他

那個年代進國中要智力測驗，沒想到我居然得到高分，進到所謂的「好班」。我想我並不笨，只是不會念書，我最害怕的科目是歷史和數學。背人名是我的障礙，直到現在還是，前一分鐘跟我說的名字，我下一分鐘就忘了，好奇怪喔！劇本我可以記得很快，唯獨人的名字記不住，有可能潛意識排斥背書吧！另外，舉凡一堆條文我也沒辦法，所以什麼信用卡或是保險單的合約書之類的，我是根本不想過目，因為看到就頭痛。

國中一年級，我參加學校的女子壘球隊擔任投手，也加入軍樂隊，成績最好的科目是音樂和體育。國中一年級學期結束，我有五科不及格，還好補考之後剩三科，不然就要留級了，老師成績單的評語是：課外活動表現優異，功課尚需努力。「頭腦簡單四肢發達」，應該就是在形容我這種人吧！

國中一年級快結束，有一天，班上有位同學帶吉他到學校，彈了一首〈愛的羅曼史〉，指法很簡單，當時我看到畫面卻是「一見鍾情，天雷勾動地火！」立即愛上了吉他，冬瓜我的夢想有了明確的藍圖，那就是——**自彈自唱的民歌手**。

我從小就喜歡唱歌，但卻不敢奢望當歌星，因為那個年代的歌星，比如：崔苔菁、劉文正、張琍敏等等，都是帥哥美女，我陳冬瓜很認分的；而當時很多民歌手都會彈吉他，我猜想應該是有了這項專長加持，大眾對外表的要求似乎就沒那麼高了。我感覺這個夢想比較有可能成真，於是乎練吉他成為我在那時期每天努力的功課。剛開始練習的時候，左手手指頭按弦超痛的，但因為熱愛所以不怕苦，依舊天天練習直到長出厚厚的繭。長時間不間斷地練習，現在我的左手手指頭是扁扁醜醜的。

▲國中時期。和袁芳，連去郊遊我都會帶著吉他自彈自唱。（請注意！吉他和弦背不起來還要看歌譜。）

▲多年後和袁芳重回國中校門口合影，這所學校有很多回憶。

升上國二，因為成績太差，我從好班被分到普通班，但也開始認真找方法念書，總不能連國中都畢不了業吧！

在國二因為吉他和同班同學袁芳成了好朋友，袁芳不但漂亮，吉他彈得又好，最重要的是她還會彈鋼琴，看過她彈鋼琴的我又多了個「小三情人」，就是「鋼琴」。當時我最喜歡到袁芳家玩，她家又大又漂亮，除了有鋼琴還有電吉他和鼓，因為她哥哥是玩**Band**的。我和袁芳兩個經常窩在一起彈吉他練唱，她還會唱合音，我的爵士鋼琴啟蒙老師就是這位令我崇拜又羨慕又感激的音樂才女「袁芳」。

陳冬瓜漸漸不再自卑，自彈自唱成了日子中最豐盛的精神糧食。

找一個你為了它可以勤奮學習、廢寢忘食、日以繼夜、不眠不休的興趣，你會產生自信，你會發現人生一旦有了目標，日子會變得很彩色！但你必須很努力地堅持下去才會有成績，千萬不可半途而廢，否則就會前功盡棄。

▲十四歲國中時期，和袁芳合照。我真的好壯碩啊！

▲四十五歲，我參與果陀舞台劇演出，袁芳來看戲。
三十年的變化真的很大。

小劇場

欸！妳的成語會不會太過於濫用了？

喂！我成語本來就會的不多，當然要能用則用，這樣可以幫忙湊字數，懂嗎？

第三屆金韻獎民歌大賽

國中畢業後，原本我爸幫我安排的生涯規劃是：高中去念育達商職，畢業可以當會計。我不知道我爸怎麼會有這麼天真的想法，他似乎忘了小學教我數學罵我笨的事了，看到算盤、數字就頭痛的我，這分明把我往火坑裡推嘛！（別誤會，不是要我從事特種營業，我也沒那條件。）

但我背著家人，和袁芳達成共識，去報名稻江高級護理家事職業學校家政科（只招收女生）。會念這所學校是因為覺得炒炒菜、縫縫衣服，我應該可以很容易就混畢業，趕緊混到畢業我就可以當個自彈自唱的歌手了。雖然父母知道後大發雷霆，因為學雜費超貴的，但既成事實也只得湊錢讓我念了。

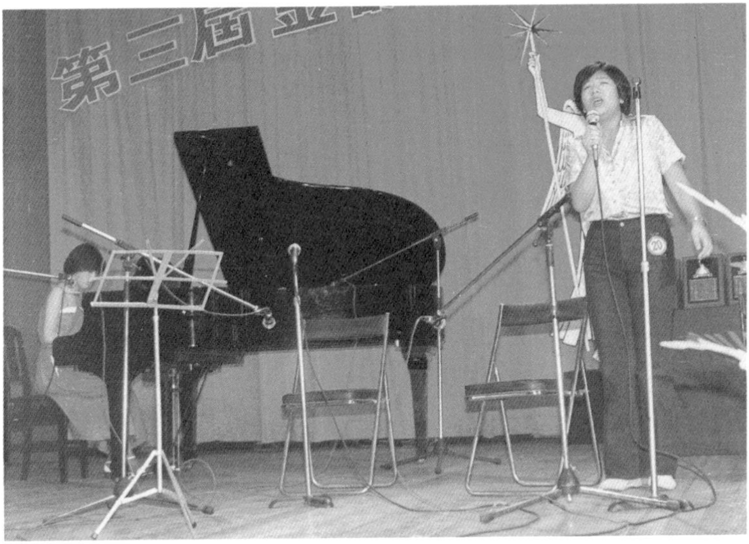

▲金韻獎決賽，袁芳彈鋼琴幫我伴奏。

高中時代，我的綽號從「冬瓜」變成了「**老大**」，哈！哈！這個外號稱頭多了吧！會有這個綽號，我想除了我男人婆的個性之外，最主要的原因是我在學校很活躍，除了參加合唱團、吉他社，因為聲音宏亮還當學校朝會喊口令的司儀，軍訓課的教官還曾經建議我去報考政戰學校呢！再加上每回班上的同學會，我都會發揮創意主動表演搞笑節目，例如：模仿廣告「三支雨傘標友露安」，把同學逗笑會讓我覺得很有成就感。

因為我高職聯招考試分數頗高，所以高一被分發到升學班，但壓根兒不愛念書的我，到了高一下學期就因成績不好被調到了普通班。高一下學期，光是參加合唱團和龍舟隊就請了一百多個小時的公假。英文老師也是我高一上學期升學班的班導師，因為我請公假的時數太多，沒上多少次課居然英文考得還可以，主動幫我英文分數多加了十分，還在班上大大讚許了我一番，好像是我為校爭光的獎勵。

當然不是所有老師都很罩我、喜歡我。記得有次烹飪課要做燒賣，當然，我照例偷懶沒有做，就物色了個平常認真上課的同學，她做的燒賣得到八十五分高分，於是沒做作品想打分數的我，就跟她借已經打過分數的燒賣去給烹飪老師評分，誰知老師是看人打分數，同樣的燒賣好學生得八十五分，上課打混的我得七十五分。不只烹飪課，其他打混的還包括：園藝、縫紉、禮儀課等等。

我來這所學校只是要混畢業的初衷始終如一，所以在高職時期最值得誇耀的成就，應該算高二時和袁芳一起參加了金韻獎第三屆的民歌大賽。那個時候是民歌的全盛時期，而金韻獎算是規模最大的比賽了。

初賽是在南海路的藝術館，總共有三個比賽項目：個人組、重唱組、創作組。我和袁芳抱著散彈打鳥的心態，三項都報名參加。重唱組和創作組這兩項，我們都槓龜。個人組的比賽很熱鬧，參賽人數起碼有上千人，因為人數太多，所以不是每個參賽者都可以唱完一整首歌，如果一開口就走音或破音，裁判席就會響起奪命警鈴聲，鈴聲響起就代表你要下台了。你想想，一開口唱不到一句就被迫下台有多糗啊！如果是現在的電視選秀綜藝節目，應該還會加上噴乾冰吧——但我覺得當時如果淘汰有加上噴乾冰，或許可以稍稍掩蓋比賽者落荒下台的糗樣。

▲高中時期在學校操場上的活動，拉著同學一塊兒唱歌，我還是非要彈吉他不可。

▲金韻獎比賽後，唯一一場由主辦單位安排的演出，就只有這一場。當時和很多知名民歌手同台，只是我怎麼會選唱〈月滿西樓〉這首老歌，至今都不太明白……。

因為看到前面許多參賽者匆匆下台的慘烈糗狀，上台前我早已不敢奢望得獎，只求讓我唱完一個段落，留點顏面好做人就行。沒想到我唱了完整的兩遍，鈴聲才響起，雖然最後還是沒能得獎，但獲得新格唱片公司邀請，錄製了金韻獎的第五輯唱片。一個高中生能夠灌唱片，這個光環讓我日後在學校走路都有風。

後來和評審兼製作人熟了，就問他初賽時為何讓我唱那麼久，他說：「因為裁判們都在猜，妳到底是男生？還是女生？」哇哩咧……原來如此！

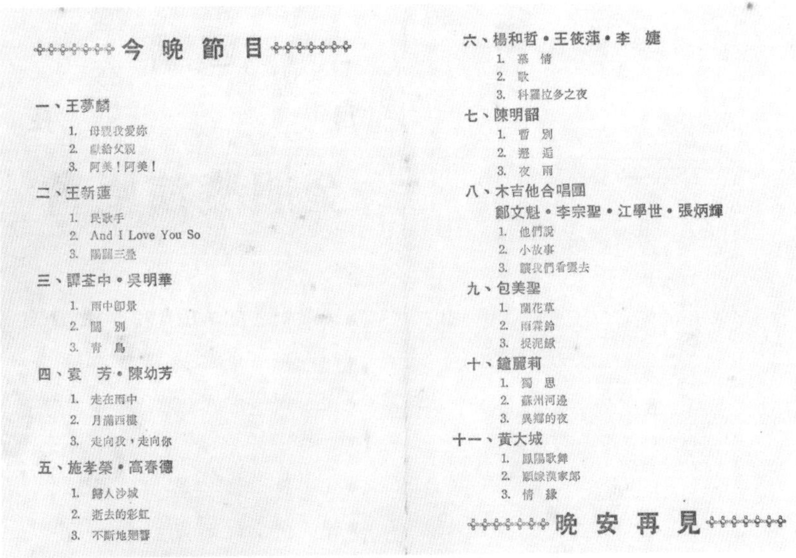

今晚節目

一、王夢麟
1. 母親我愛妳
2. 獻給父親
3. 阿美！阿美！

二、王新蓮
1. 民歌手
2. And I Love You So
3. 陽關三疊

三、譚荃中・吳明華
1. 雨中即景
2. 闊　別
3. 青　鳥

四、袁　芳・陳幼芳
1. 走在雨中
2. 月滿西樓
3. 走向我，走向你

五、施孝榮・高春德
1. 歸人沙城
2. 逝去的彩虹
3. 不斷地廻響

六、楊和哲・王筱萍・李　婕
1. 慕　情
2. 歌
3. 科羅拉多之夜

七、陳明韶
1. 暫　別
2. 邂　逅
3. 夜　雨

八、木吉他合唱團
鄭文魁・李宗聖・江學世・張炳輝
1. 他們說
2. 小故事
3. 讓我們看雲去

九、包美聖
1. 蘭花草
2. 雨霖鈴
3. 捉泥鰍

十、鐘麗莉
1. 獨　思
2. 蘇州河邊
3. 異鄉的夜

十一、黃大城
1. 鳳陽歌舞
2. 願嫁漢家郎
3. 情　緣

晚安再見

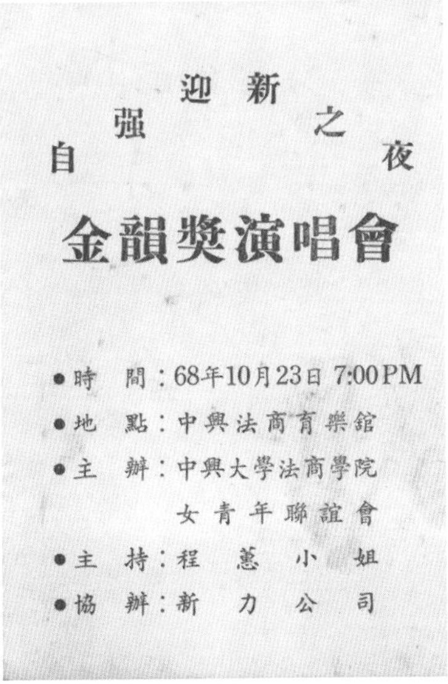

迎新
自強之夜

金韻獎演唱會

● 時　間：68年10月23日 7:00PM
● 地　點：中興法商育樂館
● 主　辦：中興大學法商學院
　　　　　女青年聯誼會
● 主　持：程　蕙　小　姐
● 協　辦：新　力　公　司

■參加的唯一一場金韻獎演唱會的珍貴節目表。

那張唱片是大堆頭的合輯，主打歌是〈歸人沙城〉和〈秋蟬〉，我唱的是A面第四首，歌名〈春痕〉，這首應該是用來湊數的，錄製完畢也從未曝光打過歌，我的民歌手夢也如春夢一般了無痕了。

不過條件好的袁芳得了優勝，也錄了金韻獎第六輯。本來很有機會成為出色民歌手的她，因為父母反對，剛畢業沒多久就去美國了。我始終相信，以袁芳的音樂才華，如果繼續留在台灣從事音樂工作必定有所成就。

高職三年就在我一拿到畢業證書，囂張地手拿畢業證書搖晃，跟縫紉老師叫囂著「老師！我再也不用怕妳了！」之後精采落幕了。

你有夢想嗎？你可曾有志趣相同的好朋友，為著共同的理想，認真學習，勇敢追夢？如果有，恭喜你！我相信那將是你一輩子都難忘的光榮時刻；如果沒有，也沒關係，現在就開始追夢計畫，只要你夠認真去探索自己內在最渴望的聲音，你的夢想終將會被實踐。

哇！「老大」果然和「冬瓜」差很大耶！口氣整個給它囂張了起來。

不然你以為人為什麼要改名字啊？切，給我閃邊點去！

小劇場

第一次上台演講

國中時，我口吃得很嚴重，不知道是模仿鄰居哥哥講話結巴，還是因為對自己沒自信造成的。記得有一次，有事情要找國中老師，一開口硬是吐不出半個字來。可奇怪的是，我唱歌就不會口吃，可能也因為這樣，所以我喜歡唱歌。

我知道自己愈緊張，口吃就會愈嚴重，所以我很怕上台說話。高一下學期，同學選我代表班上參加全校演講比賽。雖然高職時期我的外號是「老大」，但那是在台下；到了台上，我的口吃會把我變成一條蟲，選我去參加演講比賽讓我當場嚇哭了，怎麼辦？總不能跟老師說我因為結巴沒法參加……。

好了！囂張的陳老大準備出糗了，既然沒法拒絕，只有硬著頭皮上了。回家先把演講稿寫好，然後一直背一直背，想說背到滾瓜爛熟就沒空結巴了。這個方法果然奏效！演講比賽我得了全校第三名，原本成績可以更好的，就因為背得太熟，講的速度過快，演講時間過短了點。

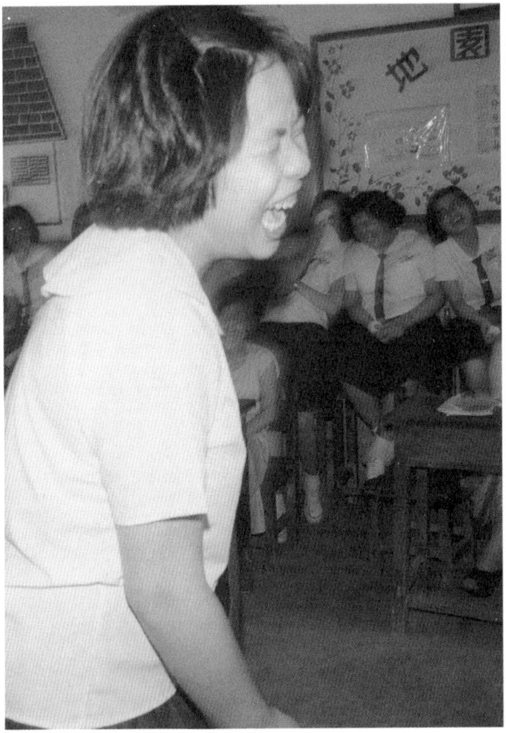

▲每次同樂會，我總是能逗得全班笑到東倒西歪。

經過那次演講比賽之後，我的口吃好了很多，還代表學校參加台北市高中朗誦比賽呢！但沒有得獎，因為參賽者「作弊」，朗誦比的應該是聲音的韻律和感情表達頂多加上手勢嘛！結果我看到有參賽同學居然帶著竹板邊講邊敲打起來——太不公平了，早知道我就帶著吉他邊說邊唱了！

▲藝工隊時期，參加演講比賽。

▲藝工隊時期，每週四上午是莒光日，大夥要集合在一起看華視的莒光日節目。說實話，不太好看。這張照片是有一回舉辦演講比賽，我獲得季軍，張乃東大隊長頒「獎盤」給我。

口吃真的是一種很奇怪的毛病，有時正常得不得了，完全感覺不出來，但重要時刻或莫名奇妙的幾個發音特別會打結，例如：「我我我告訴你，今天看到便利商店的麵包才賣五百五十五塊錢」，那就是因為「ㄨ」的音是障礙。我曾經陪著我那也有口吃問題的男友去馬偕醫院看語言治療科，沒想到他跟醫師對話溜得很，醫生說沒問題，只要說話速度放慢就行了，搞得好像是我故意找碴一樣。經過我長期的觀察和上網查詢後發現，有口吃問題的人都是急性子，只要開口前深呼吸，放慢說話的速度，每個字都刻意咬得字正腔圓一番就會改善很多。

不必為失敗找理由，只需替成功找方法。

相信自己做得到，你就真的可以做到。愈是恐懼的事愈要勇敢面對，當你大膽跨過鴻溝，再回頭看，會發現那不過是條小水溝罷了。

哈哈哈！陳老大被嚇哭了，那日後妳要怎麼耍老大的威風？還會有粉絲嗎？

我自有辦法收買人心，看照片就知道了。

小劇場

命運真是捉弄人啊！

高職畢業，歌唱夥伴袁芳隨著家人移民，遠走美國，我的民歌手美夢好似也隨之遠離了。但我知道我是絕對不能賦閒在家，我必須賺錢養自己，並且拿錢回家貼補家用以報答父母的養育之恩，除了償還自己在私立高職的高花費，我是千萬個不願意再給爸媽增加負擔，就算再辛苦，我都要開始賺錢，最好是賺大錢，我希望父母能以我為榮！（我我我……真是太懂事又孝順了，寫到此忍不住給自己掌聲鼓勵。）

為了能夠快點賺到錢，我的第一份工作是在與學校有建教合作關係的永琦百貨（現已結束營業）當營業員。我被分發到超級市場，主要的工作是補貨、整理貨架

▲高一春節寒假，「白雪溜冰團」在中華體育館表演，學校安排學生去打工。我分配到的任務是撕門票，每次一開演就沒啥事了，我就偷跑去看表演，演多少場我就免費看多少場，因為節目太精采了，百看不厭。這位是英國溜冰冠軍，他的表演最是吸引我，後來我終於逮到機會跟他合影，人超親切，還幫我簽名。

上的貨品、盤點和——抓小偷，當時超市沒有監視器，所以失竊率很高。我從來都沒抓到過小偷，但每天都可以看到貨架上有巧克力被偷吃後留下來的包裝紙，公司原本規定我們要賠償失竊物品的金額，後來或許是因為金額太大，我們根本賠不起，所以這項無理規定也就不了了之。

上班時，除了中午用餐時間可稍作休息之外，其餘時間都必須站著走動巡視賣場，工作久了肯定得「靜脈曲張」的毛病。不僅如此，當時永琦百貨超市後面有家附屬的西餐廳，每天到了中午用餐時間，客人很多，我們超市營業員就必須到餐廳支援，支援項目是進廚房洗碗，洗碗動作要快，因為來用餐的客人多到碗盤好像永遠不夠用，至於我們是何時吃中飯的，我已經沒有印象了。

日子過得灰灰暗暗，唯一的希望寄託在下班後練習吉他。雖然月會上我曾經勇敢地提出冷凍櫃上陳列的生鮮食物種類不夠多、顧客選擇性太少的看法，令科長對我印象深刻，進而想要提拔我這個菜鳥當班長，但我拒絕了，因為有年資已超過六年以上的同事都沒升為班長，我這個新來的立即就被重用，一定會被同儕排擠。更重要的是，我根本志不在此，在這兒只是過渡期，我不會久待的。

▲我還記得「白雪溜冰團」管理很嚴格，每次演出時，看台上都會有一位有點年紀、看起來很嚴肅的女士，拿著筆和小本子，只要舞台上哪個演員不小心轉圈摔倒，她就會立刻記錄下來。不知道摔倒是不是會被扣演出費？
後來中華體育館燒掉了，這棟知名的建築雖然消失了，我的這段美好打工經驗卻永存在記憶之中。

果然機會又來了！海山唱片公司主辦的第三屆民謠風歌唱大賽，比賽地點就選在永琦百貨。日子又充滿了希望，老天對我真是厚愛。民謠風歌唱比賽與金韻獎歌唱大賽是當年民歌最盛大的兩大賽事，葉家修、蔡琴就是民謠風歌唱大賽出來的歌手。

我當然報名參加啦！而且就在我上班的公司舉辦，長官也樂觀其成。哈哈！這一次參賽，我已經不是金韻獎比賽時的那隻菜鳥了，況且我可是灌過唱片的喲！上台不再那麼緊張，這一次我扎扎實實地得到了第二名，獲得獎金伍千元，那差不多是我一個月的薪水。得獎之後就是出專輯，海山唱片很尊重得獎者，讓我們到唱片公司挑自己喜歡的歌準備灌唱片。

民歌手的夢，這回是真的要實現了，我立即向永琦百貨請辭。員工比賽得獎，公司高層都知道，我要離職還驚動上級長官出面誠懇慰留，喝！你們終於知道讓陳老大我到餐廳洗碗是多麼大材小用了吧！於是我頭也不回「揮一揮肥手，不帶走一只碗盤」地瀟灑走人，準備進攻民歌界啦！

但辭職之後，突然接到海山唱片公司通知「出片計畫取消」，確實的原因我不是

▲民謠風歌唱比賽，我（左一）幫其他選手伴奏。

很清楚，只聽說是因為當時民歌市場開始走下坡了，唉！我想我是注定當不成民歌手了……。突然之間感覺永琦百貨公司對我還蠻好的，能升上班長可以加薪，中午到餐廳支援洗碗也算是一種磨練，有點後悔請辭，但離開得太堅決，好面子的我再回頭已不可能了。

只有高職學歷的我，除了彈吉他、唱歌，沒有任何專長，能找的工作太有限了。但我必須賺錢養自己，並且拿錢回家貼補家用以報答父母的養育之恩，除了償還自己在私立高職的高花費，我是千萬個不願意再給爸媽增加負擔，就算再辛苦我都要開始賺錢，最好是賺大錢，我希望父母能以我為榮！（咦！這段好熟悉喔！但這一次我為自己努力想要實現夢想的遭遇感到好難過喔……。）

翻了半天的報紙，我能立即找到的工作是貿易公司的小妹，因為只需國中畢業即可。當我以「高職畢業」去應徵時，主管雖然感到納悶，但也欣然錄取了我這「高學歷」的小妹。

我的工作內容就是：每天大概七點就要到公司；把每個員工（大概有四五十位

吧）桌上的杯子全部洗一遍；煮開水，泡好茶，再將洗好的杯子倒入新泡的茶；有客人來訪時要問客人需要咖啡還是茶，咖啡是黑咖啡還是要加奶精和糖，或是只要奶精不要糖，還是只要糖不要奶精，要糖的話是要幾顆；沒事的時候就要坐在櫃檯幫忙接電話，如果沒問清楚來電者是誰，讓主管接到不想要接的電話還會被罵；中午休息時間要打掃會議室或展示間，記得有一次我在午休時間很盡責地去打掃展示間玻璃架上的灰塵和老鼠屎，可能吵到了在裡面休息的職員，結果就被那男職員酸：「妳需要這麼認真嗎？」

於是我開始翻報紙找尋新的出路……。

無須眷戀一份沒有前途的工作，不要害怕未知和冒險，人生就是不斷地選擇與修正，趁著年輕勇敢尋找自己喜歡做的事，過程中的挫敗是正常的，沒有誰的人生是一帆風順。

什麼樣的工作是最適合的呢？當你樂在其中就算辛苦也開心的工作。找到你自然就會知道了。

我不依我不依……世界之大卻容不下才華洋溢的陳老大，嗚嗚嗚……。

別這麼可憐兮兮的，打起精神來，我會為自己的命運找到出路的。

小劇場

第二幕

井底青蛙向外跳

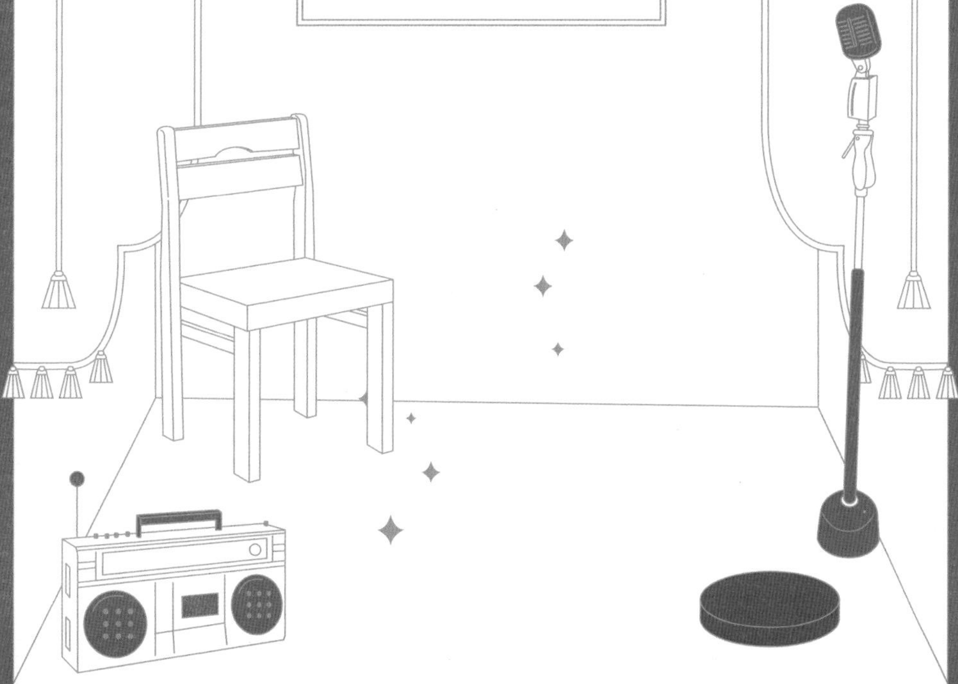

壯妞的狗屎運

我開始翻報紙找尋新的出路，翻了幾天，找到了！

國軍陸光藝工一隊招考女隊員，專長：歌唱，舞蹈。月薪：九千元起。

天啊！月薪九千元耶，當時貿易公司小妹的月薪也不超過六千元，這這這……太吸引懷才不遇的我了，於是準備了兩首歌曲、帶著心愛的吉他，我就去報名了。

當天報名處居然派出當時在藝工隊服役的阿兵哥：徐乃麟、歐陽龍、曹西平三位超級大帥哥當招待人員。天啊！這分明是色誘無知少女的奸詐手段嘛！希望我當時看到他們沒有過於失態到流口水。來報名的人還滿多的，應該有上百位——我相

▲藝工隊大型演出，媽媽和姐姐特地來看我表演。那時覺得化上大濃妝站在舞台上就好像是大明星一般。

信如果知道進藝工隊可以和這三位帥哥朝夕相處，來報名的人數應該會有上千人。

考試的項目就是歌唱、舞蹈兩項。歌唱難不倒我，因為當時民歌盛行，而且沒有人像我一樣自備樂器，就在自彈自唱一首歌之後，我又自告奮勇地說我準備了兩首，然後不要臉地接著唱了第二首。開玩笑！帥哥在場能不力求表現嗎？我相信在歌唱項目我應該拿到了不錯的分數，從國中開始就勤練吉他，自彈自唱至少五年的時間，左手手指頭因長期按弦長繭變形，拿高分也是應該的。

就在我自鳴得意之際，進入了第二項——舞蹈的考試。只見一老師級的女隊員做了一連串高難度的動作，末了落在一

▲藝工隊到溪頭玩，其中有幾位名人，認得出來嗎？

▲有時我們會搭這種巴士去勞軍，一個緊急煞車都是玩命啊！

個名為「臥雲」的國劇舞蹈動作，叫我們跟著學做。「臥雲」這個動作的最終Pose是：雙腳交叉，坐臥在地，再配合優雅的蓮花指，整個身形會像雲朵一般。

對了！我是不是忘了形容我的身材了，當時我身高一百六十七公分，體重六十六公斤，放眼望去，大概是來報名中體型最有分量的，我的身材有個特色就是：胸比屁股大，虎背熊腰，但大腿又特別細，導致膝蓋沒力，整個體態很像冰棒。而且我沒辦法雙腳併攏蹲下，會整個屁股跌坐在地上，所以我很怕蹲著上大號，因為蹲久了，我就必須手扶牆慢慢地撐起來。

所以那位女隊員老師設計的「臥雲」動作分明是衝著給我難堪來的，你想想，我跌坐在地上起不來，再加上腹部擠壓出的肥肉，別忘了三位帥哥還在場喔！士可殺不可辱，我當下瀟灑地大聲說：「**我沒辦法跳，給我零分吧！**」豪氣萬千到自己都嚇一跳。

最後，不知道是我自彈自唱得太好，還是我裝腔作勢一副「此處不留娘，自有其他許多留娘處」的氣勢震住主考的軍官，經過開會，我這個壯妞竟然被錄取了，而且這次招考總共才錄取三位呢！

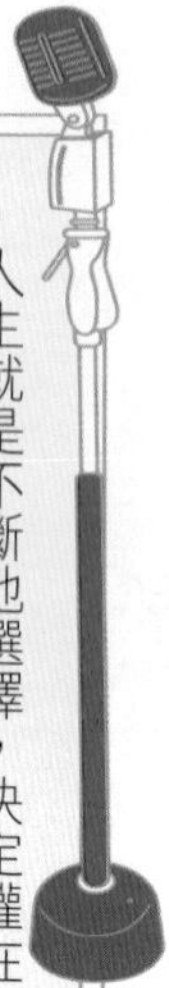

人生就是不斷地選擇，決定權在你自己，但機會來了你必須準備好。若是想要從事藝術表演工作，你必須有一技在身，不論是何種才藝，總有一天都會派上用場的，愈早開始愈占優勢，如果此刻的你才恍然大悟也沒關係，因為任何學習只要開始，永遠不嫌遲。

有時老天關了一扇門是為了開另一扇窗，但爬進這扇窗之後才發現其實苦日子正要開始……。

▲一九八二年第一次到馬祖外島，我在上排左三，左二是歐陽龍。
▼三十三年後的二〇一五年，我應電影公司之邀，為參與電影演出的龍哥女兒歐陽娜娜上了幾堂表演課。命運是不是很奇妙！

什麼？怎麼了？帥哥沒了嗎？還是月薪九千元是假的？

閉嘴！往下看啦！

小劇場

無情的羞辱

藝工隊的主要任務就是勞軍，用綜藝表演的型態娛樂國軍弟兄們，那時候陸光藝工一隊，男隊員大概有四十幾個，負責包括樂團、燈光、音效等；女隊員十幾個。演出前的裝台是由所有男隊員、阿兵哥包辦，節目內容不外乎歌唱、跳舞、魔術、特技外加短劇等等。一場演出大概有十個表演節目，經常是你表演第一個大型舞節目開場，快速換裝之後參與第三個歌唱的節目，然後再換裝擔任第六個魔術表演的助理，然後再換裝加入第八個短劇的演出，幾乎沒有隊員是只負責演出一個節目，所以隊員必須是全能的。

每天都有訓練的課程，歌唱，發聲，舞蹈有：基礎芭蕾、民族、現代、爵士、

▲舞藝大有進步。

民俗等等。若晚上有演出，必須在下午四點半之前用完晚餐，全隊搭車出發。每三個月就要更換新的勞軍節目，大部分都是由隊員自己設計。

女隊員都是招考進來的聘雇人員，每年簽約一次，意思就是表現不好或是可利用價值太低（例如永遠只能表演自彈自唱民歌而不會跳舞），就有可能不會再續約，講白了就是可以滾蛋了。

當時有個相當有名的民歌手羅吉鎮也在隊上當兵服役。有一天，他跟我說幫我取了個綽號，叫「月半仙子」，我開心極了，仙子耶！意思就是我有飄逸的氣質囉！後來聽他解釋才知道，「月半」合起來就是胖，他說因為所有女隊員就屬我最胖，從此我的綽號又從高中時期氣勢磅礡的「老大」變成了「胖胖」，但大家都唸成「龐龐」。雖然有點取笑的意味，但也是事實，所以我並沒有生氣，況且比起小時候的「冬瓜」感覺好一點點。直到現在，我經常是依對方對我的稱呼來分辨是哪個時期認識的人。

當時已是老鳥快退伍的曹西平，有一回看到我很不客氣地說：「這麼胖也敢來藝工隊！」他完全不顧情面地當眾批評，這可比跟我同樣是菜鳥的羅吉鎮幫我取綽號來得殺傷力大太多了，而且曹西平是資深學長，他無情又狠毒的實話我也只能默默承受。但我不會就這樣被嚇跑的，因為我喜歡這裡，我渴望學習，我是千千萬萬個不願意再回去當倒茶水的小妹了。

從那一天開始，我再也不敢進餐廳吃飯，只要看到曹西平就躲，餓到頭昏才偷偷進食，自卑的冬瓜又回來了。學姊教我的減肥祕方是「早餐喝檸檬加養樂多」，我乖乖照辦，也不管那有多傷胃。結果，一個月內我快速瘦了六公斤。曹西平看到我的努力，也對我友善多了，還教我化妝呢！多年後在電視綜藝節目碰到他，我還當面謝謝他當年給我的殘酷提醒。

徐乃麟當時是快退伍的老鳥了，他在隊上負責打燈光。比起曹西平，他仁慈得多了，那時我剛進隊上，只負責上台表演一個自彈自唱民歌的節目（還沒減肥）。有一回演出完畢，他跟我說：「妳歌唱得很好。」這句讚美對一個新進的胖妞菜鳥我來說太太太重要了，尤其乃哥當時可是陸光第一帥哥呢！多年後上節目碰到乃哥，我跟他提及這段往事，他也想起來了，他笑說當時是因為隊長要他來安慰我的，不過我還是再次謝謝他給了當年的胖妞一股奮發向上的動力。

抱歉！一想到帥哥就離題了，咱們言歸正傳。

但光瘦是不夠的，得快點拉筋、練劈腿，因為每個女隊員都會劈腿，而且筋可以開到兩個女生坐在地上正面橫劈緊抱在一起，我想他們是故意嚇我們這幾個新進的菜鳥，他們成功了！我果然被嚇到了。因為喜歡藝工隊，想留在這裡，所以我必須加緊練習，用最短的時間練會劈腿，我不停地練習，不但中午休息時間練拉筋，連假日也不回家，留在隊上練習，後來還練到膝蓋歪掉，走路會痛，最後不得不去看醫生治療。

▲隊上聘請魏龍豪老師（右三）教相聲，我被指派學習。

▲和聲音甜美的女隊員一起唱民歌。

苦練是有代價的，我辦到了！而且我還練到可以單腳站立，用手將腿抬高過頭。大約是一年後，我不止能表演自彈自唱一個節目，也可以在台上擔任伴舞的舞者了。

對於殘酷的批判，只要是事實就心懷感恩收下吧！自欺欺人、自我安慰的謊言是無法令你在現實的社會中生存的，而逃避也只會讓自己愈來愈渺小，愈來愈懦弱。不要害怕接受挑戰，每一種挑戰與磨練都是為了要造就日後更好的自己。

請問檸檬加養樂多，是不是和那有名的黃金比例「清玉」一樣？那有沒有二十顆方糖的熱量呢？

笨蛋！重點不在這裡，重點在於我有偉大的意志力，懂嗎！

金馬獎算什麼！有聽過沙沙獎嗎？

藝工隊的七年裡，台灣很多外島我都去過了——金門、馬祖、東引、東沙、南沙。

到過外島當兵的人都知道，去外島搭的是平底補給艦，俗稱「開口笑」。我們都是和阿兵哥一起搭船，藝工隊受到的待遇比較好，有尉級以上軍官才享有的吊床可睡，但移防的士官兵或抽籤抽到「金馬獎」的菜鳥新兵就沒那麼好命了，全都得窩在甲板下的底艙或躺或坐，如果浪大加上難聞的柴油味，嘔吐聲必然此起彼落，受不了的會到甲板上躺著。

我們比較好運，有吊床可以睡，但想上廁所就完了，船上沒有所謂的女廁，

▲去南沙的船上帶小型康樂。

所以一進廁所，滿地的嘔吐物加上那味道……想不跟著吐也難。要到某些外島，必須大船換小船，小船再換舢舨，船愈小晃得愈厲害，那也只好再吐一次吧！

外島的環境不比台灣本島，地處偏遠，沒有舞台，到野戰部隊勞軍，通常是帶領阿兵哥玩遊戲或做團康活動的小型康樂。有時單位官兵很熱情地招待隊員用餐，最多的菜色就是罐頭了，因為物資缺乏，補給最方便的食物就是不易壞的罐頭。在外島用餐時會很忙碌，因為必須一邊用餐，一邊用手趕走想要跟你搶食的蒼蠅。而廁所就是一個挖出來的坑，臭氣沖天是一定的，往坑裡看還可以看到蛆——當然你可以選擇憋住不上，或是拉在褲子

▲南沙島的太陽很烈，被曬成黑炭了。

上；如果勇敢上了，往往結束後還會直覺檢查一下有沒有蛆爬到屁股上。

如果碰到起霧的季節，那外島就像是霧都巴黎一般，白茫茫的一片，很美麗也很潮濕，報紙潮到軟掉，棉被潮到蓋久了肯定生病，唯一的好處大概就是——很適合玩躲貓貓吧！

東沙、南沙兩島，我都去過，可不可以拿座沙沙獎啊？

到南沙島是個難得又難忘的經驗，尤其七年的藝工隊生涯也

▲整座南沙島走一圈只需約兩個鐘頭。島上唯一的一座廟，聽說很靈，當年的我不知有沒有許願？

不過去過一次而已。南沙島在菲律賓旁邊，要搭七天的船才能到達。待在船艙內真正感受到「山中無甲子，寒盡不知年」，常聽到有人問「今天星期幾啊？」、「現在是幾點了啊？」。下了船，上了平地，彎腰洗個頭還會繼續晃上兩天，一直有地震加上貧血的感覺。但南沙是個無汙染的美麗小島，繞島一周大概只需要兩個小時，沙灘上盡是漂亮的貝殼，島上的阿兵哥在這裡當兵的期間，大多都會做幾幅沙畫，收集一堆又大又美的貝殼。

▲正經八百的舞蹈加上好笑的表演。

▲漸漸地我不再是伴舞而是有舞群的主唱了。

民國七十七年元月，是我藝工隊生涯最後一次的外島勞軍任務。一月十三日當天晚上，我們正在南竿島上進行大型勞軍晚會演出，演出到一半被通知演出取消了！這是從未發生過的事，原來當天，時任總統的蔣經國先生病逝，島上所有娛樂活動立即停止，全島進入戒備狀態，所有官兵全部停止休假，軍服外的臂膀都繫上了追悼的黑絲帶，一整天（包括夜間）都聽得到阿兵哥操練的口令聲，全島瀰漫著緊張的氛圍，彷彿立即就有戰事爆發一般。

我們成為最最尷尬的一群了，沒任務，船又沒來，我們又不可能拿著槍跟著阿兵哥操練，而悲傷就這麼短短一天，勉勉強強也頂多兩天，其餘的時間就只能每天放假在島上閒逛。

外島最大的娛樂應該就是打撞球了，因為撞球店最多。於是我們這群猶如毫無愛國情操的觀光客就每天打撞球，而且每家撞球店都生意清淡，只有我們，因為阿兵哥都忙著操練。雖然清閒又輕鬆，但這樣的日子久了就是會有一種不踏實。

除了勞軍演出，藝工隊每年最重要的任務就是十月份的藝工競賽，各個藝工隊全卯足全力拚了，因為競賽成績關係著長官的升遷，也關係到我們至外島任務的派遣，所以在競賽兩個月前，我們便無假可放。而競賽節目都是聘請有名的專家老師幫忙設計編排，音樂大師李泰祥就聘請了兩次，還有名舞蹈家林秀偉，聲樂家簡文秀也參與過，有時各個藝工團隊還會特別外聘一些專業舞者參與節目演出。在藝工隊那七年間，我從未在家過過中秋節，因為藝工隊是沒有九月中秋假期的。

> 無須抱怨你的生活，每個苦難都包含著一份禮物，事過境遷，你會發現自己更加強壯。過程絕對是辛苦的，但你必須堅持到底，一定要相信老天給的苦難與功課，你都承受得起，只看你願不願意承受罷了。如果半途而廢，你就永遠不會知道這份珍貴的禮物是什麼了。

請問你們在外島打撞球要付錢嗎？馬祖有名的老酒有喝過嗎？去金門有吃貢糖嗎？

打撞球當然要付錢囉！馬祖老酒太好喝了，回台灣都會帶上好幾瓶。到金門怎麼能不吃貢糖呢？山外最有名的貢糖街從頭走到尾就吃飽了……等等，你當我寫的是觀光美食手冊嗎？切，滾一邊去。

井底的青蛙 準備向外跳

藝工隊確實是個學習技藝與磨練的好地方，但久了會發現自己就像是待在井底的青蛙，抬頭只能看到井口的那片天空，對井口外的天空充滿好奇。

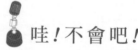

早期很多來當兵的男隊員，在這井底學習成長，退伍之後跳到井外，勇闖演藝圈那片寬廣天空，例如：徐乃麟、歐陽龍、庾澄慶；但到了後期，很多來當兵的男隊員都已經是在另一片天有了名氣，卻不得已跳下井底來，例如：庹宗華、李志希、曹啟泰。

當年曹啟泰來當兵時已經是名氣很大的明星，他的夫人就是鼎鼎大名的夏玲玲，她跟啟泰除了攜手主持節目，也一起表演節目。**有一天啟泰跟我說：「龐龐，妳為什麼一直待在這裡，我覺得妳很不錯，為什麼不去外面闖闖看？」**一個大明星跟妳說這樣的話，實在是莫大的肯定與鼓勵。這番話讓我這隻躲在井底多年的青蛙蠢蠢欲動。

民國七十六年，已經在藝工隊打滾六年、練就一身十八般武藝的我，又開始翻報紙看看有沒有什麼機會，看到了國內第一齣自製歌舞劇《棋王》招考會演會唱會跳的演員——這不就是在找我嗎？藝工隊經歷六年，演出場次至少超過一千場了，於是我偷偷報了名，雖然知道藝工隊一年一簽的聘雇合約是不能就此落跑，但我忍不住想要去挑戰和印證自己實力的衝動。

去了再說吧！

再度帶著我心愛的吉他瀟灑地應考，一首歌自彈自唱完畢，看到導演（外國人）滿意地笑了笑，點點頭；接下來編舞女老師（也是外國人）做了幾個簡單的舞蹈動作，要我和幾個應徵者一起跟著學，對於已具備舞蹈基礎的我而言太簡單了，只要不做「臥雲」都好辦。這齣戲的作曲者是李泰祥老師，李大師因為受聘藝工隊，所以認識我。考完試李大師告訴我，導演很欣賞我，還打算讓我獨唱一首歌。

▲與《棋王》男女主角齊秦（左）、張艾嘉（中）合影，最右邊妝最濃的是我。

六年的磨練果然讓我修成正果啦！這齣舞台劇可是台灣大手筆的創舉喔！男主角齊秦，女主角張艾嘉，導演、編舞都是美國人，音樂由李泰祥大師負責，看到這裡就覺得很專業吧，這跟藝工隊可是不一樣的！藝工隊表演的綜藝節目，對象是阿兵哥，就算演砸了，阿兵哥還是得乖乖等節目演完才能離開；這齣歌舞劇《棋王》可是會在中華體育館售票，開玩笑，演不好觀眾會退票抗議！更何況這是台灣第一齣歌舞劇，相信重要人士都會來觀賞。

等候通知時，我向隊長動之以情道德勸說，請隊上就當我是向外學習，學成之後必當回饋在勞軍節目上——這種努力向上求新求變的心，相信當初隊長在點頭答應之餘，有可能還留下過感動的淚水……。

日子就在興奮期待中過去，終於接到通知了……。抱歉！沒有被錄取。

我想你也傻眼了吧！是李泰祥大師跟我開玩笑呢？還是那阿兜仔導演跟李大師開玩笑？經我專業地判斷，這兩位應該不會那麼無聊，加上回想當天考試的狀況，我可以確定是工作人員搞錯了。

▲演出果陀舞台劇，李泰祥大師來看戲。

我該怎麼辦呢？找李大師請他幫忙弄清楚？人家是大師不敢造次。還是打電話找工作人員理論？就在我傷透腦筋之際，看到報上又刊登了這齣戲的再次招考廣告，原來上次的招考不理想（我想是標準太高），當下我立刻決定該怎麼辦了——換個名字喬裝一下再去考一次。

第二次報名我用「陳鈺珊」這個名字，這個名字是香港叔叔後來結婚生的女兒的名字。上回考試我穿牛仔褲、帶著吉他、沒化妝，走瀟灑自然風；這回我沒帶吉他、改穿窄裙、腳蹬高跟鞋，化了濃妝、還戴假睫毛，走妖嬌美麗風前去應考。沒想到第二次考試的方式居然也變了，上回只有導演、編舞和李大師在場，氣氛輕鬆，這次主考官除了這三位還多了新象負責人夫妻許博允和樊曼儂（國內著名的長笛教母）、吳靜吉博士和名作家三毛；而且一次只有五個人進入房間內應考，房門上的窗戶還用黑布遮住，還未上場的人是無法從外面看到考場內的情形，這股神祕兮兮的氣氛像是國安局情報人員的祕密徵選。

考試開始前李大師看到我——只有他一個人發現我再考一次的伎倆，我想是因為他見過我大濃妝的模樣，他說：「妳怎麼又來了？」我心想，你問我我還想問你呢！於是我理直氣壯帶著埋怨地答道：「我接到通知說沒被錄取。」他的「滿頭霧水」絕不是演的；我沒空也沒心情幫他擦拭霧水，就讓他頭髮濕淋淋地進去當評審吧，只要不拆穿我就行了！

經過一番等待，終於輪到我了，進入考場前我告訴自己，「**我就是今天來應考中最好的第一名！**」（這個心法可讓雙腳停止顫抖，心情放輕鬆。）進入考場，只見七位評審一字排開坐好——憑良心說，這陣仗真的很嚇人。考試的項目還是歌唱和舞蹈。

▲在藝工隊與小松、小柏合作。這對雙胞胎兄弟實在太像了，好幾次都認錯。

我先自我介紹，接下來說，「我今天要唱一首李大師的作品。」我近距離自信滿滿地對著評審唱著。只見李大師的表情是：這個陳幼芳到底想搞什麼花樣？而我心裡的OS：不是我愛表現來第二次，是工作人員弄錯了，逼我來的。

一曲唱罷，表現不錯，我自己也很滿意。接下來考舞蹈，是跳自選曲——完了！我沒準備，因為第一次是舞蹈老師跳，我們跟著學。當下我立刻鎮定地說：「請隨便放一首音樂，我即興。」多年的舞蹈基礎果然大大地派上用場，尤其我還穿窄裙、腳踩高跟鞋，盡情地舞著結合現代爵士和拉丁舞的自創舞蹈，音樂停止我也跳完了，只見三毛用力拍手，像個孩子般興奮地說：「陳鈺珊，妳好棒喔！不要停！不要停！」

當然，這次工作人員不敢再弄錯了，我也正式接到了錄取通知。

機會是留給隨時準備好的人，而運氣的確是眷顧著有勇氣的人，你如果不嘗試，永遠不知道你能完成什麼。面試上場前告訴自己：「我就是今天所有應徵者中最棒的！」那股信心會散發出一種勝利的光芒。

小劇場

有沒有可能第一次是李泰祥老師搞錯了，導演欣賞的根本不是妳呢？

啊？呃……是有這個可能喔！我怎麼從來沒想到這種可能性呢？管他的！反正我終究是考上了啊！

工作的七年之癢

通常藝工隊的女隊員，不是待個一年沒有進步隊上不續約所以被迫離職外，就是待兩到三年捱不了苦自請離職，而許多資深女隊員通常都是等年滿十二年領退休金，而且年資久了的還可轉任行政，不用參與演出，薪水高，工作又輕鬆，所以像我這種都已經熬了七年快熬出頭卻毅然離職的，大概就只我一個了。

想要離開，除了曹啟泰的一番話，當然參加《棋王》也是讓我想要到外面世界的原因之一，但最最重要的原因是：**我有了新的夢想**。

早期在藝工隊有個音樂創作人小蟲，他會創作歌曲讓我羨慕極了。當時，名歌手李建復是隊上的少尉軍官，李宗盛找上李建復，想找找藝工隊裡有沒有會創作的新人。那個時候是李宗盛第一次擔任唱片製作人，所製作的那張專輯主唱人是鄭怡，可能是因為當時的他是製作菜鳥，也還沒寫出什麼膾炙人口的歌，於是李建復就將小蟲的歌推薦給李宗盛，這首歌後來成為鄭怡那張專輯的主打歌〈小雨來得正是時候〉。小蟲這首歌還沒賣出去給鄭怡唱之前，我就先唱過了，因為小蟲寫了很多歌沒有發表，愛唱歌的我就是最佳新歌試唱人，現在覺得好驕傲喔！小蟲因為這首歌大紅，還沒退伍就已是各家唱片公司邀歌的對象。

還有音樂創作人哈林（庾澄慶），他的那首〈整晚的音樂〉在軍中我就聽過Demo了。那時候哈林很熱衷玩Band，放假就是玩音樂，就算有一堆女隊員拚命對他放電示好，我承認其中包括我，他也沒啥反應；但可能是因為我會彈吉他，和他的興趣相同吧，所以我們之間互動不少，他寫好歌都會錄在卡帶讓我聽，雖然我對他那很吵的音樂作品並沒有如對小蟲的創作歌曲那般喜歡，但哈林調皮幽默的性格加上對音樂瘋狂執著所散發出來的那種迷人魅力，他會走紅是必然的。

藝工隊真是人才集中營啊！大概全國最優秀的音樂人、舞者、樂手，只要當兵都

▲愛盲基金會舉辦的創作歌曲比賽。我得到「詞曲類優等獎」，我是作曲者，作詞者是李揚喜，得獎歌名為〈溫暖的東西都是紅色的嗎？〉。

會進到這裡，教我們舞蹈基礎的很多男隊員是雲門舞集的，樂團各個都是在外已有豐富資歷的高手。正因為如此，燃起我創作歌曲的欲望，我開始研究簡譜，不懂就找人問，試著寫歌。當然，一開始的作品都不是很成熟，但有空我就寫，因為創作過程會有一種滿足又踏實的感覺。有時創作完我會找女隊員來幫唱一番，我彈吉他，大夥一起唱，再加上很多歌都獲得大家的喜歡，那種成就感比在舞台上表演完獲得掌聲要來得更美好。

於是我不停地寫、不停地修正，有一次自覺有首歌寫得真不錯，便請樂團幫忙即興演奏，找來音響組的隊員幫我錄音，我自己配唱。

▲每年十月的全省藝工隊競賽，是藝工隊最重大的事。我進藝工隊的第二年才有機會參與。那一年陸光一隊演出的是音樂劇《張騫出使西域》的故事，請來了李泰祥大師做音樂，那是藝工隊史上的一大創舉，應該算是台灣音樂劇最早的一齣，可惜因為只有在軍中演出，知道的人太少了。左邊就是飾演男主角張騫的〈龍的傳人〉主唱李建復。

這首名為〈預感〉的歌，當時被點將唱片公司相中，由頗有名氣的歌手范怡文演唱，這大大激勵了我。詞曲加起來的酬勞共八千元，點將唱片要我去公司領錢，當時見到了唱片界的名人桂鳴玉、姚謙。回來後我算了一下，我的薪水是一萬八，只要每個月能賣出三首歌，就比藝工隊的薪水高了，再不濟賣個兩首也不錯，因為常年下來我創作的歌曲大概超過一百首。

此時我的夢想很確定了，就是**當個幕後有實力能夠創作歌曲的唱片製作人**。

於是我離開待了七年的藝工隊，出發往人生另一個目標邁進……。

不要一年經驗，重複用十年！這個時代可是每天都在進步！
什麼時候是離開現有工作轉換跑道的最好時機？
當你覺得這份工作很好混，代表你沒法進步了，那就是該離開的時候了。
因為新的挑戰是進步最大的動力。

咦？有沒有可能……妳的離開是因為隊上再也沒有像樣的帥哥了？

呃……有沒有可能你是個花癡自己卻不知道呢？

小劇場

隔行如隔山：別盡是沉溺於過去的輝煌

離開藝工隊的「高薪」工作——為什麼是「高薪」，因為我想像得太美好了，我的創作歌曲並沒有受到大唱片公司的青睞，寄出的作品全石沉大海，所以當藝工隊退伍的男隊員介紹我到影視製作公司上班，我可是滿懷期待。

公司小，什麼都要做，執行製作兼場記，臨演再兼後製，發通告、買便當、學剪接……。你一定以為工作那麼多，薪水肯定也少不了對吧？不好意思，只能意思意思，月薪五千，實在太不夠意思了。曾經一度想要回藝工隊，因為有吃有住月薪一萬八的好工作，做滿十二年還有超過百萬退休金，我竟放棄跑到現實世界來吃苦，但……好面子的我是怎麼也回不去了。

我那「**當個幕後有實力能夠創作歌曲的唱片製作人**」的夢想還沒實現呢！我明明就是個可以創作出好歌曲的人才啊！

大公司不要我的作品，我就寄給新公司，我的想法是：唱片新人沒名氣想要出片收歌可沒那麼容易。哈哈！我果然是對的，當年有三個小女生組了一個叫「閃亮寶貝」的團體，製作人兼出資人看上我的作品，這一看上可不得了，整張唱片十首歌全是我寫的，可能是為了不讓消費者覺得歌曲來源過於缺乏，所以歌曲作者除了「陳幼芳」，還有「冬瓜」和「胖胖」，好笑吧！

我不但幫三個小女生寫歌，還義務幫她們編舞，後來發行的新格唱片公司，也就是當年金韻獎專輯的發行公司，多巧啊！新格唱片看到MTV三個女生的舞蹈覺得很不錯，便邀我幫另外三個男生組成的團體的主打歌編舞，歌名是〈就在今夜〉，其中的一名團員是「任賢齊」。

成功的主動出擊讓我對音樂創作的路更加積極起來，我繼續不斷地向唱片公司毛遂自薦，後來有機會進入神采唱片製作公司，公司老闆覺得我不錯，安排我當唱片製作助理。這是一家新的唱片製作公司，也是歌林唱片的子公司。沒想到，剛進公司的我看到了可怕的東西——電腦，我的天啊！從來沒碰過電腦也從來沒想到有一天需要跟它打交道！看到公司企劃用電腦寫企劃案，我心想，若不趕快學遲早有一天會穿梆。到職第一天下班之後，我立刻到朋友開的代客電腦打字公司請求幫助。我

▲小剛的專輯《哈薩雅琪》，我除了是唱片製作助理，也是拍 MTV 時的跑腿，挺好用的。

▲在小剛的歌友演唱會上擔任主持人兼合音。

學習正確的十指練習法，每天下班必去報到練習至少三個小時，一個星期後，我成了全公司 Key-in 最快的員工，因為公司其他人全是一指神功，我當然比他們快啦！閒閒沒事就拚命 Key-in 會員資料當作練習。

當時公司發片的歌手只有小剛（周傳雄）一人，唱片賣得不錯，公司員工都捧著他。第一次和小剛碰面，老闆介紹我讓小剛認識，跟他說我不錯也會寫歌，只見小剛斜眼看著我說：「她行嗎？」我當下很受傷，想我在藝工隊大姊大的資歷，這小鬼竟然敢用這種態度對我；但又想想，隔行如隔山，誰鳥妳在什麼藝工隊的輝煌啊！

我的職位是製作助理，工作項目包括：聯絡製作人，打打歌詞，裁裁譜（小剛不會寫簡譜），錄音室錄完音要將很重的母帶搬回公司。除此之外，我還會幫簽約尚未發片的新人上課，當時公司簽了大S徐熙媛，小S徐熙娣那時候還只是個國中生所以沒簽，我就負責幫熙媛上了一段時間的歌唱課，每次上課徐媽媽都會陪在旁邊，老實說壓力挺大的。沒想到日後兩姐妹變得這般美麗，但她們自然又逗趣的說話方式加上努力讓自己變漂亮的毅力，在在說明成功絕對不是偶然。

其他工作還有錄製唱片時充當合音（為了節省經費）。但完全沒有機會發表自己的作品，也別妄想當製作人。我心想是因為小剛自己會寫歌，怎麼樣也輪不到用我的作品吧！不過能與優秀的音樂人，林隆璇、楊明煌、黃舒駿一同工作是很棒的經驗。

有一回，小剛要辦歌友演唱會，公司為了節省經費，同事建議可以讓活潑幽默的我當主持人，反正不用錢，老闆就說好，小剛也沒意見。結果第一場演唱會完畢，成功熱鬧又精采，從此小剛從稱呼我「幼芳」，改口稱我為「幼芳姐」，老闆也幫我加了薪，這都拜藝工隊的經驗派上用場之賜。

適時地把自己歸零，尤其跨到別的行業時，重新開始虛心學習。誰鳥你曾經的呼風喚雨啊！隔行如隔山，賣蔥油餅的不可能不用學就會做蛋糕，賣房子賣得好的不見得就能到夜市擺攤子賣女性內衣。

哇！妳教過大S喔！那妳覺得大S唱歌比較好聽還是小S？

响，你真夠八卦耶！我覺得是大S啦！

小劇場

徹底心寒

某日老闆拿了名主播X先生的資料給我，要我評估出專輯的可能性，當時X的形象不錯，文筆也好，加上天生的好嗓音，頗值得一試。

我先將他所出版過的所有書全部看完，也將其中八首歌詞就其經歷背景、嗓音及詞意譜出曲子，但之後發現唱片公司老闆從頭到尾從沒有要替X先生出唱片的意思，我也沒有參與唱片製作的機會。

於是我離開原本的唱片公司，透過朋友介紹進入巨翼唱片製作公司，擔任製作助理。公司負責人是音樂界大師譚健常老師，其夫人就是名作詞人小軒。我將前唱片公司放棄的X先生的企劃案，包括我已經寫好的八首歌推薦給譚老師，譚老師很認同我的想法，也覺得可行。

我為X的唱片專輯使盡全力終於有機會了，而我所譜曲的八首歌，譚老師選了其中四首，之後為搭配台視某介紹大陸風光的節目，我配合X的詞，沒日沒夜地緊急譜出另一首新曲子做為該節目的主題曲，所以X專輯總共收錄七首曲子，其中五首是由我譜曲。

譚老師更放手讓我主導專輯中由我譜曲的五首歌，獲得這難得的機會我心存感激，費盡苦心地設計曲風，找了適合的老師進行編曲，每首歌的曲風都大大不同，為的是營造出浪跡天涯的詩人的情境。進錄音室後，譚老師甚至將這幾首歌的混音主導權交給我，譚健常老師也因此要我一起掛名專輯製作人。

這張專輯由於曲風特殊，讓X入圍了當年的金曲獎最佳新人獎。頒獎典禮當天，代理發行的歌林唱片公司宣傳科科長、我們公司（巨翼）的宣傳，加上我，坐在國父紀念館的觀眾席等待揭曉；我的家人和譚老師、小軒姐則是在家守著電視。得獎名單公布，X果然得獎，長久以來的辛苦似乎有了代價，我想父母也一定以我為榮。

X在得獎感言中感謝了偉大的總統，光是總統二字就重複提到起碼五六次，也順勢強調了自己與總統都是美國康乃爾大學碩士班的高學歷；還有謝謝當時的新聞局長胡自強，也提及了和胡局長同樣都是在英國拿到博士學位這更高的耀眼學歷；總之感謝了一堆與因為唱片專輯而得到新人獎毫無關係的名人與電視台。

冗長的得獎感言中，沒有感謝唱片公司，也沒有感謝譚老師、小軒姐，當然也沒有陳幼芳……。當時坐在台下的我，就像是被用完即丟的衛生棉一般，這份從頭到腳的心寒感覺至今依然深刻……。

帶著毫無喜悅的心情回到家，媽媽看到我說：「幼芳啊！妳幫X做了那麼多，他在台上提一下妳的名字又花不了多少時間。」爸爸說：「這個人我們高攀不起，以後不要讓他到家裡來了。」我永遠忘不了父母臉上失望的表情，更在心裡默默發下重誓：有一天我一定要出人頭地。

第二天上班，小軒姐跟我說，頒獎典禮完一堆記者打電話給她，他們說：「你們家的新人歌手怎麼連唱片公司都不感謝一下，太離譜了！」

我心中頓時又充滿了愧疚之情。通常得獎的唱片新人都會趁勝追擊再出專輯，譚老師跟我說：「幼芳，妳來決定要不要再幫他出唱片。」我忽然覺得好累好挫敗地回答老師：「不要了。」

很多事情不是自己一個人就可以完成的，一定要心存感恩，尤其在獲得榮譽之際，千萬不可以忽略了默默幫助你的人。

成名很容易讓人驕傲起來，小心傲慢會讓貴人遠離。

不要奢望付出一定就會獲得他人的感激，如果老天讓你碰上這種人，那真是一份大禮，目的就是要你有所警惕，千萬不能和那人一樣。

呃……有沒有可能是因為外星人在X身上植入晶片，控制了他的大腦呢？

嗯……這我不清楚，但我非常確定你腦袋裡裝的是大便。

小劇場

▲離開藝工隊後，曾有朋友找我去拍電視劇，在中視《金色時光》演莎莉姊家的傭人秀枝。莎莉姊真是敬業的演員，永遠是帶妝到、詞背妥，當時對於表演沒什麼概念的我，一開始跟莎莉姊對詞超緊張的，大概是因為藝工隊七年的歌舞表演經驗，漸漸就進入狀況了。莎莉姊對我很好，有時她拍完戲還會刻意等我，對我說：「秀枝，快點！等妳喔！」當時我都搭莎莉姊的賓士專車回家。

▲名演員陳莎莉送給我的親筆簽名照。

▲朋友幫我拍的沙龍照。

第三幕

娛樂大眾，普渡眾生

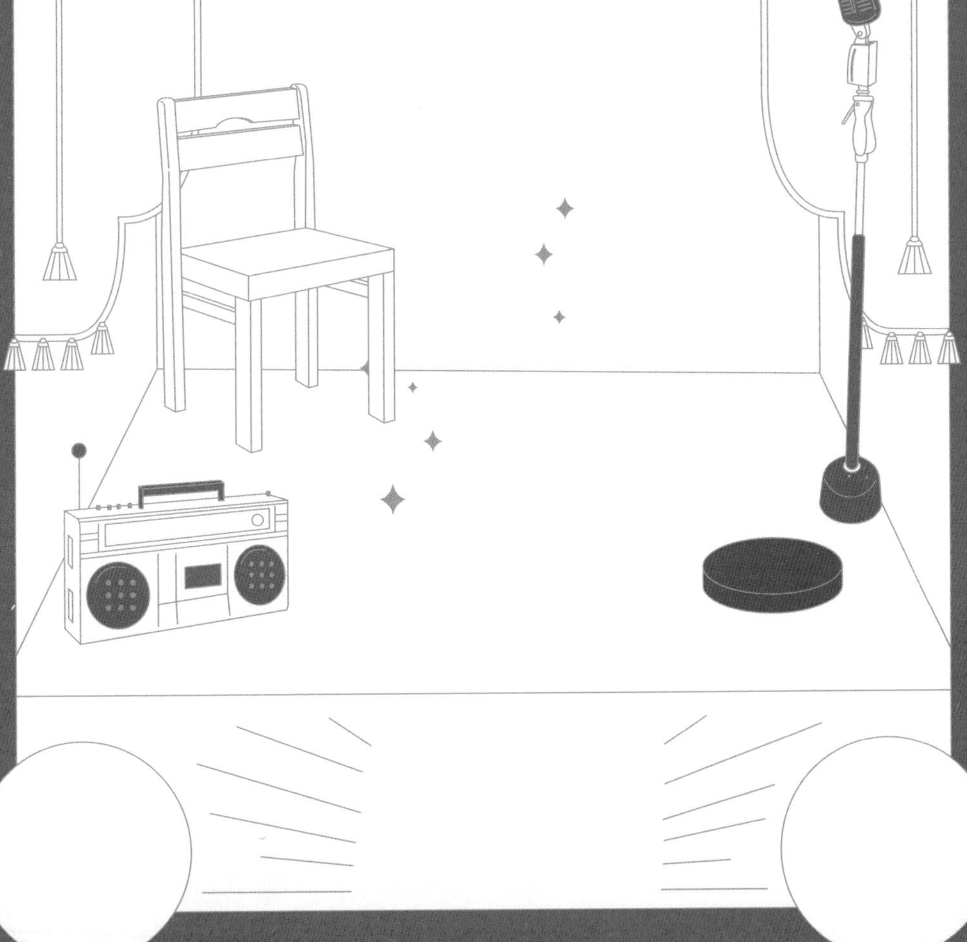

意外認識果陀劇場

在我任職巨翼唱片公司的時候，有一天，藝工隊的朋友舒宗浩打電話給我，說果陀劇場有齣小型歌舞劇，因為女主角出車禍，導演梁志民請他幫忙找人，本來他要找的是另一位藝工隊的女生，但是人家沒興趣，就找了第二順位的我。我跟他說我也沒啥興趣，我離開藝工隊就不打算回舞台了，更何況我還在唱片公司上班。他說：「妳就幫個忙，去一下，跟梁志民導演碰個面，沒興趣就拒絕沒關係。」既然老朋友都開口了就去吧！所以我沒把這次碰面當回事，只是抱著幫忙的心態到果陀聊聊而已。

當時的果陀劇場規模很小，僅三房兩廳的住家兼辦公室，客廳還兼作排練場。我一到果陀就看到一些人在客廳地板上很認

▲跟著果陀到英國員工旅遊，到劍橋搭船是一定要的，樵夫是大學戲劇系的學生，聊起來才發現我和他都演過莎士比亞同一齣戲的同一個角色。

真地做暖身，很像學校社團。跟梁導演聊了一會兒，導演居然說：「那就先簽約！」什麼跟什麼啊？我只是來「幫忙見個面」，打過招呼就準備走人，但人家可是認真的，只是既沒考唱歌，也沒考跳舞，更別提唸一下劇本之類的，尤其之前我參加過《棋王》的正式徵選，相較之下這算哪門子的面試啊？我說：「我在上班。」他說：「下班才排練不影響，而且演出都在放假日。」看來戲要開天窗讓他們急瘋了，好吧！既然不影響我偉大的志業，便答應了下來，當初的想法是：當作下班來運動好了。

就在巨翼唱片公司跟著譚健常老師一起擔任製作人完成了X先生的專輯，繼而在金曲獎被潑冰水之後，台灣唱片市場開始走下坡，譚老師決定將公司收掉，移民加拿大。音樂製作這條路才剛入門就要結束了，聽到這消息我有股前途茫茫的感覺，因為跟著譚老師我不但學到很多，而且老師人好又肯給我這個新人製作唱片的機會。

譚老師人好到不但鼓勵我去演舞台劇，沒到下班時間還會提醒我該去排練了，不但不擔心會影響工作，而且唯一的條件居然只是「弄兩張票來看看」。你們說這種老闆是不是天下少有？我相信自己不可能再有如此好運能遇到像譚老師一樣的好老闆了。因為有老闆的鼓勵支持，我利用下班時間在果陀兼差已經演過三齣舞台劇了。

老師真的很夠意思，知道我對表演有興趣，也覺得我演得不錯，就將我推薦給當時電視圈的紅牌製作人王鈞。王鈞大哥製作過很多有名的電視綜藝節目，有《百戰百勝》、《鑽石舞台》、《綜藝大哥大》等，譚老師、小軒姐這對唱片界有名的夫妻檔，和電視圈紅牌製作人王鈞夫婦是多年的好朋友，我心想，由譚老師夫婦推薦我，應該面談一下就沒問題了吧？

那天隻身到了王鈞大哥開的全能製作公司，我在外面等王製作人忙完，這一等又等了很久，王鈞大哥忙完後來見我，他先稍稍打量了我一番……。對了！我離開

▲果陀安排的英國戲劇之旅真是太棒了，可惜時間太短，有時一天要趕著看兩齣戲，時差還沒來得及調整，只好邊看邊掐自己深怕睡著錯過了好戲。印象最深刻的是看著名歌舞劇《芝加哥》，演員和樂隊的專業與樂在其中的熱情，謝幕時我竟感動落淚。後來我經常跟梁志民導演說，可不可以再安排去英國一趟。

藝工隊開始走幕後唱片製作，覺得不需要靠外貌，就放任體重胖到六十八公斤，舞台劇的角色也都剛好是胖胖的，無所謂。王鈞大哥問了我的經歷後，最後問我想做什麼？我說：「**我想演戲！**」他說他們不缺演員，但我可以來做幕後的執行製作助理。

大概是我的外型真的像跑腿買便當的樣吧！所以連試演的機會都沒有。但王大製作人也不是不給譚老師面子，而是美女當道的年代，我這沒資歷、沒知名度（劇場只是小眾文化，更別提藝工隊那與世隔絕的小天地了）、又沒姿色的胖女，居然想上螢光幕當電視演員，搞不好王大製作還偷偷怪譚老師為難他呢！

沮喪到了極點。就在前途茫茫不知未來該如何的時候，有一天林隆璇的太太溫蒂得知我的苦惱，當場笑著說我當然應該去演戲囉！她說：「**妳不知道妳在舞台上有多好笑嗎？**」老實說，我還真不知道呢！

從未把演舞台劇當成正職是因為酬勞實在太微薄了，經過溫蒂這番五雷轟頂的提醒，再加上也沒有其他工作可選擇了，於是我正式加入果陀劇場。

人生的路居然走上職業演員這行來了！

和果陀合作多年後，我才問梁導演：「你在選角上這麼嚴格，為何當初我來，你連試都不試，就大膽用我當女主角？」導演說因為他也是在藝工隊當兵，知道藝工隊的嚴格訓練過程，而我又待了那麼久，加上跟我說話就感覺得出我可以演戲。

長時間的磨練與學習到的技藝，一旦上身是誰也偷不走、藏不住的。

妳又變回胖妞為什麼不找個人諷刺妳，加上喝「養樂多加檸檬」就好啦！

我哪知道自己會把演戲當正職啊！而且在果陀兼差時從來也沒人嫌過我胖啊！

三十二歲才確定自己演戲的天分

參加果陀演出的第一齣戲是《微笑愛麗絲》，這是經濟部委託果陀劇場製作推廣品質月的小戲，總共才演出三場。我當時的感覺就是陪著一群學生在玩而已，雖然製作人和導演都對我的表演大表讚賞，但對一心想要當唱片製作人的我來說，並沒有把這番激賞的話放在心上，況且在藝工隊七年，演出場次不下千場，再熱烈的掌聲對我而言都是空洞不切實際的，女主角又怎樣，戲落幕一樣打回灰姑娘的原形，而且這齣戲的票還是用送的，真不知有啥好得意的。

我從未受過正式的表演訓練，藝工隊的節目屬於綜藝性質，隊上安排的課程都是跟音樂及舞蹈相關的，從來沒安排過表演課讓隊員上，勞軍節目中的短劇都是隊

▲果陀的第一齣戲《微笑愛麗絲》，中間那看不到臉的是我。（果陀劇場／提供）

員自己瞎玩玩出來的，所以對於演戲這檔事我從沒想太多，但七年的舞台經驗，對於上舞台並不感到害怕。

玩完第一齣戲，果陀又邀我參與第二齣戲《淡水小鎮》，這齣戲是果陀成立五年第一次登上國家戲劇院，意義很重大。

這齣戲，男主角是歌手張雨生。而導演在第一齣戲之後就將我放在他的口袋名單內了，我在戲裡飾演一個外省媽媽，於是我將我那大嗓門的媽媽當成範本，果然像極了！

果陀還聘請了國立藝術學院的汪其楣老師擔任手語翻譯，她也是導演梁志民的恩師。聽說汪老師還問梁導演我是從哪來

▲《新馴悍記》，女主角劉雪華（右二），我反串男僕寇子（左一）。（果陀劇場／提供）

的，因為演員大多是科班出身，有很多是她教過的學生，而我這個藝工隊來的居然很搶眼。

這齣戲的女主角，是果陀的執行長林靈玉，在演出期間，有一天她跟我說：「**幼芳，妳的戲很好看，因為妳的肢體很自然。**」之前我從沒想過這個問題，到了下一場的演出便特別注意自己的肢體動作，搞得那一場演得亂彆扭的。我想到一個笑話，如果你問一個蓄了長鬍子的人晚上睡覺的時候鬍子是放在棉被外面還是裡面，我想那晚他肯定失眠。

能夠站上國家戲劇院演出，對演員而言是莫大的榮幸，因為謝幕時從舞台看向華麗的觀眾席，會有種巨星的感覺，說來真奇妙，參與果陀的第一齣戲小得可憐，第二齣戲立刻升等，落差還真大啊！

▲《新馴悍記》舞台劇慶功宴，和劉雪華（左一）與雪華的姊姊（左二）還有丁叔（丁仲）。

在果陀演出的第三齣戲是《新馴悍記》，這齣戲我要反串男生，當導演要我演這個角色時，我還問導演：「你確定嗎？我的胸部很大耶！」導演信心十足地說絕對沒問題。我覺得梁志民導演對我演戲的信心，好像比我自己強得多。

《新馴悍記》的女主角是劉雪華，排戲第一天看到劉雪華出現在果陀小客廳排練場時，大夥都傻眼了。怎麼可能？雪華姐可是超級大牌明星耶！但她卻放下身段勇敢地來挑戰從未接觸過的舞台劇，而且配合度之高啊，到高雄巡迴演出居然願意和大夥一塊兒坐野雞車，從未要求特殊待遇，憑她的知名度與嚇人的經歷，要求搭飛機也不為過（當年還沒有高鐵）。

當年的果陀還年輕，很多事沒有經驗，像是

不知道，連續假期的高速公路是萬萬不能去湊熱鬧的！那一次，一車的演員，包括女主角劉雪華，一夥人凌晨五點從台北出發，搭了十二個鐘頭的野雞車，抵達演出場地已經是傍晚五點多了，而七點半戲就要開演了。這齣戲中有位資深年長的演員丁仲，丁叔是獨自一人搭車，到了演出前還不見蹤影，那場戲丁叔的角色就只能由導演梁志民下海代演，我飾演他的冒牌兒子。不知道是不是導演首次也是唯一的一次登台太過於緊張，戲中不該打我的時候也亂打一通。戲一結束，就看搭上午九點的客運、晚上十點半才到達現場的丁叔姍姍來遲。這場多災多難驚險萬分的戲演完，我有一個心得：**會導戲不見得就會演戲**。

這齣戲大受好評，連報上的劇評都有誇獎我，女主角劉雪華更在演出後打電話給我，說她看了演出的錄影帶，直誇我演得很棒。

最大的興趣未必就是你最高的天分，有時人的潛能需要被發現、被挖掘。如果你發現自己的天分，請相信這是老天爺送給你的禮物。擁有禮物的同時也必須擔負起責任，雖然自己在三十多歲才真正領取到這份禮物，但慶幸自己一直有將它不斷地發揚光大，因為我知道，我的前半段人生任務就是要「娛樂大眾」。

哇靠！妳連堂堂果陀劇場梁導演都敢糗，妳就祈禱，希望他不會看到這段吧！

這是實話啊！就像會演戲不見得會導戲是一樣的，雖然我的戲被很多人說很棒，但我也不敢肖想去當導演啊！

小劇場

淡水小鎮 × 張雨生

張雨生的成名曲〈我的未來不是夢〉，也是黑松沙士的廣告曲，有一陣子每天電視廣告都會播上好幾回，我想台灣大概有一半看電視的人口都會哼唱幾句這首歌：「我知道我的未來不是夢，我認真地過每一分鐘，我的未來不是夢，我的心跟著希望在動，跟著希望在動。」健康又勵志，家長聽到小孩唱這首歌，一定會覺得這小孩知上進，未來將一片光明，彷彿真的不是在作夢。當然，有著獨特高亢嗓音的主唱張雨生，就是有為青年的代表，品行端正又會念書。只是我每次聽到張雨生的聲音、從電視螢幕看到他的模樣，就覺得他像是個發育還不完全的小男生，才會個頭小、聲音乾淨又高亢。

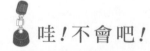

和張雨生認識是因為果陀劇場一九九三年的舞台劇《淡水小鎮》，大夥都叫他的小名「小寶」。當初知道小寶要來演舞台劇，我直覺是果陀邀請明星來刺激票房，沒想到導演說是小寶自己主動來報名，這真是天上掉下來的禮物啊！對於舞台劇這種錢少排練時間長又辛苦的工作，通常是劇團積極主動大力熱情但缺重金所以無法如願邀約明星來助陣，沒想到居然有個大明星主動送上門來。我想當時果陀一定很想把小寶的身分證先扣起來，以免他中途後悔落跑。

《淡水小鎮》這齣戲是講五〇年代淡水這個小鎮一天的日常生活，以及男女主角第一次戀愛、牽手到結婚，到女主角過世又重回人世間的故事。小寶飾演的是男主角陳少威，需要從國中一直演到結婚生子，我飾演他媽。

這齣戲還有個特色——從頭到尾都沒有道具。所以喝茶沒茶杯，炒菜沒鍋子。就曾經有觀眾看完戲後反應：「希望以後演員不要忘記帶道具上台。」因為這個特色，排練時我們做了很多類似默劇動作的練習，如何憑空炒菜，讓觀眾看得出來你是在炒菜而不是在舀湯，並且還要能看出你在炒什麼，比如煎蛋就要和炒青菜不一樣。從來沒有這樣經驗的我，**開始認真去感覺身體和物品之間的關係**。

▲《淡水小鎮》劇照，張雨生（左）、馮翊綱（中）、我（右）。（果陀劇場／提供）

小寶可就累了，戲中不但要揹隱形書包，還要一邊用隱形手套玩隱形棒球一邊和女主角打屁哈拉，而且聊著聊著隱形棒球還要沒接到滾了出去。剛開始排練尚未熟悉動作，小寶會說著說著手套就忽然消失了，或者書包揹著揹著不見了，當然就會被導演給Note（筆記）：繼續勤加練習。

最辛苦的一幕戲是：男主角陳少威將女主角艾茱莉弄哭了，請女主角吃冰賠不是，吃冰的過程中，男女主角互相產生情愫，進而第一次牽手。

這場戲，小寶除了忙著要將一個高中生情竇初開、急欲想逗對方開心的心情詮釋出來，還要忙著吃冰；這還不打緊，本來女主角只要吃清冰，但陳少威這個高中生沒把過馬子想擺闊，硬是要請人家吃四果冰，這下好了！清冰和四果冰在表演上就有很大的差異了，小寶既要練習憑空吃冰，還要吃帶有核的蜜餞，吃著吃著還要把核吐出來，最後把到女主角特別開心，就忘情地將快要溶化成水的冰一口氣喝完，因為喝得太快，冰痛了腦袋。除了拿著真的棒球不斷揣摩練習，我相信小寶一定也吃了不少的四果冰。

長時間地相處觀察，發現小寶認真看似木訥害羞的外表下，其實內心藏著一個調皮好奇又愛笑的大小孩。印象最深刻的是，第一次在排練場聽到小寶的笑聲，瞬間驚為天人，原來歌唱得這麼好的明星，笑起來居然像個高聲尖笑的「怪老頭」！和我這個「大笑姑婆」的笑聲有得拚。就有劇場的夥伴說，小寶和我一起笑會有一種感染力，感染周遭的人也跟著一起笑；不過我覺得，我們的笑聲不只有感染力，還帶著鼓勵，一個只值三個燈的笑話可以被我們笑成五個燈，說笑話的人受到鼓勵繼續表演勇往五度五關獎五萬的目標邁進。喜劇演出時，最喜歡台下多坐一些像我們這種有著誇張笑聲的觀眾了，因為只要我們起個頭，就能帶動現場其他的觀眾一起笑，而台上的演員受到鼓勵，演起來也會特別帶勁。

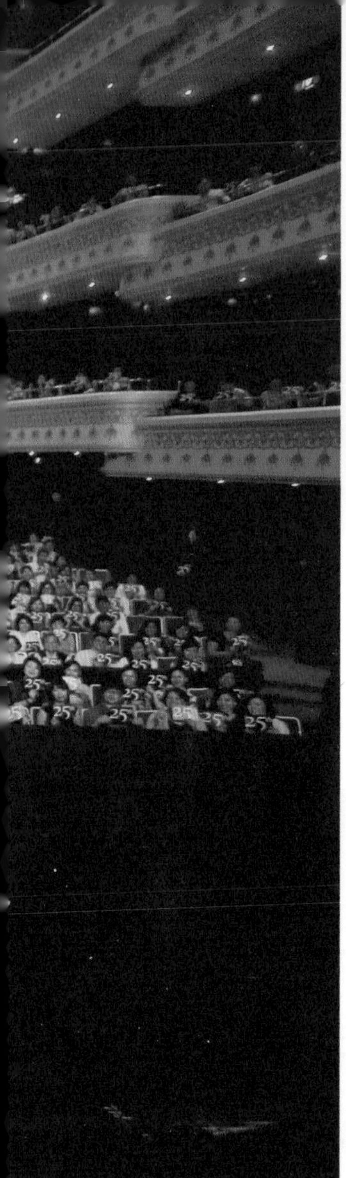

怪老頭和大笑姑婆，男生有女聲，女生有男聲，我們兩個都有幽默的個性，湊在一起經常是我負責主演、他負責主笑，幾齣戲開心嘻笑地合作下來，我們兩個漸漸成為了好朋友。

你有沒有一種朋友，很懂你的幽默，聚在一起時總是歡笑連連？
你有沒有一種朋友，很有才華又謙虛好學？
你有沒有一種朋友，可以不必經常聯絡，彼此依然很有默契，並且知道這份友誼不會因時間而淡去？
如果有，恭喜你；如果還沒有，那就繼續尋找，只要出現，你會感覺得出來的。

▲《淡水小鎮》是果陀劇場重演最多次的定目劇，也是果陀成立二十五年的重頭戲。（果陀劇場／提供）

請問，是不是笑聲誇張就適合當朋友？那愛擺臭臉的是不是也可以變成好朋友？

愛笑的人是比較容易變成好朋友，但愛擺臭臉的人通常沒有所謂的好朋友，因為沒有人喜歡跟老愛生氣的人當朋友。

完全幸福手冊很幸福

再次和小寶合作是果陀一九九五年的舞台劇《完全幸福手冊》，我在這齣戲的角色原本設定由影星劉雪華演出，她無法參與，所以導演要我演她的角色。一開始我很惶恐，因為女主角戲分很重，我不認為自己可以勝任，但所謂「不要給臉不要臉」，難得的機會還是要把握，反正導演都說我行了，演砸了就推給導演，怪他選角不恰當就行了，真的是想要脫罪不怕找不到理由啊。

《完全幸福手冊》是一齣輕鬆喜劇，男主角由劇場好友王友輝演出，我飾演的角色是個喪偶、年紀不輕、喜歡騙吃騙喝、只要有錢賺什麼事都可以做的媒婆賈麗麗；王友輝飾演的是個禿頭、大肚子、年紀又大又摳摳縮縮又挑剔的修車廠老闆范積德；小寶飾演的是修車廠的黑手康有維；另一個黑手莊小開是由體重至少一百五十公斤以上、又高又胖的相聲演員朱哲毅飾演。（想像一下兩個人放在一起的畫面吧！）

大致的劇情是：媒婆賈麗麗有一點點喜歡修車場的老闆范積德（因為他很有錢），所以經常藉著幫范積德介紹對象，從中獲得利益。這一次介紹的對象是在大城市開婚紗禮服店的喪偶老闆娘莫太太（果陀執行長林靈玉飾演），但得知挑剔的范積德居然想要娶莫太太為妻時，肥羊即將不再被自己痛宰，可能到手的財產也將化為烏有，賈麗麗後悔了，進而想從中搞破壞。黑手康有維和莊小開長時間窩在鄉下，被摳摳縮縮的老闆范積德以微薄的薪水壓榨勞力，兩個黑手經常感到鬱卒。有一天，忽然從一本名為「完全幸福手冊」的書中得到啟發，決定趁老闆不在，翹班到大城市冒險，尋找刺激兼把妹，結果遇到老闆范積德喜歡的禮服店老闆娘莫太太。康有維一看到她驚為天人，決定展開追求。同一天，媒婆賈麗麗陪著范積德也來到禮服店準備向莫太太求婚，無意間，賈麗麗碰到躲在禮服店的康有維和莊小開，康有維苦苦哀求賈麗麗幫忙保守翹班的祕密，還提出大大的好處請賈麗麗幫忙追求莫太太；得知康有維有意追求莫太太，正好配合她想從中破壞范積德和莫太太好事的

▲《完全幸福手冊》，張雨生（中）在台上玩開了。（果陀劇場／提供）

計畫，於是這詭計連連的故事就這麼在一天內發生……。

這齣戲開發了小寶搞笑的潛能，也讓我看到小寶對戲劇是真的熱愛。**舞台劇之所以迷人，有的時候是因為在排練過程中，對角色有無限可能的創造發想，還有演員之間你來我往的互動**。這是齣輕鬆喜劇，所以排練時氣氛也很輕鬆，演員可以在劇本台詞未完全定案前，天馬行空地為角色加油添醋。有一幕是康有維和莊小開躲在禮服店被我逮到，原本單純無意的碰面，在排練時我突發奇想，提議讓賈麗麗玩「一二三木頭人」的遊戲來逗他們兩個（反正喜劇通常荒謬），導演居然也同意了，於是出現這個畫面：

賈麗麗看到正要偷偷溜走的康有維和莊小開，突然大喊一二三木頭人，只見兩人忽然乖乖地遵照遊戲規則不動了；賈麗麗玩性大起，繼續喊著一二三機器人，兩個人就模仿機器人呆板地來回走動；一二三會跳芭蕾舞的機器人，那一高一矮一龐大一瘦小的兩人滑稽地轉著圈；一二三燒屁股的機器人……一二三火燒屁股又在跳芭蕾舞的機器人……最後兩人終於體力不支求饒了。

排練場經常笑聲連連，就連一向嚴肅有一張撲克臉的導演梁志民都難得經常露出笑臉，雖然他的笑臉看起來不太自然。而每一次演出這一幕，我都覺得那個〈我的未來不是夢〉的有為青年代表張小寶被我徹底摧毀了，不過雖然如此被糟蹋，但小寶不但沒有拒絕生氣，還「自甘墮落」大肆開心地配合，完全不顧唱片辛苦塑造出來的美好形象。

演員需要有創意，讓角色更加活靈活現。人生何嘗不是如此，你就是你人生故事的編劇、導演、演員，所以試著在人生的舞台創造出精采好戲吧！它可以是溫馨喜劇，就算其中有著避不掉的挫敗情節，但你可以不必讓劇情走向悲情，你就是編劇，大可以改變故事發展，只要你願意。

我覺得妳明明就是在整小寶讓自己開心，還故意在後面寫些脫罪的大道理。

切，妳懂個屁啊！我是用心良苦，讓導演看到張小寶喜感的一面，發掘不為人知的潛力。

我終於出運了！

《完全幸福手冊》是在台北國家戲劇院首演，通常首演完，報紙都會有劇評，這也是讓劇團和演員都很緊張的報導，因為劇評說好，大家有信心往下演，很多觀眾也會因為報紙劇評買票來看戲；劇評說不好，劇團還是得往下演，只是會很沮喪。我尤其緊張，因為這是我在參與果陀六齣戲之後，第一次正式挑大樑擔任女主角。

這是《中國時報》部分劇評：

「幸福」的觀眾，笑得好燦爛（民國八十四年十一月十七日）

「果陀劇場」導演梁志民的劇場果然

是不折不扣地屬於新新人類的⋯⋯。昨夜《完全幸福手冊》首演，在藝術活動一片低迷聲中還能售出國家戲劇院兩千多座位的九成以上，誠屬不易。觀眾一半以上是剛開始成熟的女生面孔，這些觀眾從《淡水小鎮》就出現了，她們代表劇場新的消費群，對劇場的功能有新的需索⋯⋯。在藝工隊有七年資歷，又做過唱片公司製作人的陳幼芳，所飾的媒婆是昨晚最燦爛的一顆星，一些高度誇張的動作她都像不灑一滴水般地完美達成，是劇場界值得期待的實力派演員。其他的演員也頗能收紅花綠葉之效，都能放下身段盡量三八，唯一較緊張的可能是歌手張雨生，他的身體稍嫌僵硬，有點駝背以致看起來臉顯得大，台詞之間常發出「嘖、嘖」的聲音，似乎還不太適應舞台劇的演出⋯⋯。笑得那麼開心的觀眾，是真的喜歡這齣戲⋯⋯。

這是我生平第一次受到媒體如此高度的評價，樂到不敢相信，一大早看到報紙立刻孝敬父母，這一刻也是我在父母面前頭抬得最高的時候。早就希望父母有一天以我為榮，而今天，就在今天，我終於辦到了，而且不是無憑無據，是經過大報背書的喔！

向來嚴肅的父親沒想到「大笑姑婆」女兒居然有光宗耀祖的一天，二話不說，立刻買了一堆《中國時報》寄到大陸給親戚，大肆炫耀了一番。更別提我那一直想當「星媽」的母親了，巴不得買下所有報紙分送給左鄰右舍、菜市場賣菜歐巴桑、經常光顧的涼麵店的年輕老闆，不住在附近的就用電話聯絡，熱情地告知對方快快去買報紙，還仔細清楚地交代是那一版的消息。當然，我也一直處在不可置信的開心當中，彷彿奧斯卡金像獎即將到手，就等著打扮得漂漂亮亮地登台領獎。

但是小寶怎麼辦？我的朋友小寶該怎麼辦？我該怎麼面對他？

如果我是小寶，報紙這樣寫我：「唯一較緊張的可能是歌手張雨生，他的身體稍嫌僵硬，有點駝背以致看起來臉顯得大，台詞之間常發出『嘖、嘖』的聲音，似乎還不太適應舞台劇的演出。」而被捧得高高的幼芳來安慰我，說報紙亂寫不要相信，我一定覺得很噁心。天啊！這真是太難了，我甚至開始懷疑寫這篇報導的記者是來搞分化的，我寧可沒有這篇報導，日後我再想辦法光宗耀祖，讓父親開心，而母親的「星媽夢」來日方長，反正菜還是買得到，涼麵還是吃得到，沒什麼大不了的，因為我不想就這樣失去這個朋友。

第二天提早到國家戲劇院準備化妝演出，人還來的不多，「不可置信的開心」早已被「不知如何是好」所取代，想了又想，我終於想出了個不是辦法的辦法，那就是「駝鳥心態法」，假裝沒看到這篇報導所以沒任何反應，雖然這個方法很遜，但這已是我唯一能想到的了。可是，我沒看到，但其他演員看到了，一提起來不就穿幫了嗎？於是當大夥陸陸續續地來，我就一個一個進行勸說，看到報導的就請他們不要討論，沒看到報紙正在現場看的就催促其快快看完，看完後還要把報紙藏起來。一切搞定，這樣應該沒問題了。

小寶終於來了，「幼芳早啊！」語氣帶著愉悅，看來他沒看到報導，太好了！可以安全過關。「小寶早！」心虛的我匆匆打過招呼，假裝忙著化妝（好爛的演技），一點兒也不像以往看到小寶就嘰哩呱啦的自己。小寶接著說：「欸，幼芳！妳沒看《中國時報》嗎？把妳寫得很好耶！」計畫瞬間破局，之前的擔心除了多餘，還帶著「以小人之心度君子之腹」的猜忌，因為小寶看我異常安靜，直覺認為我沒有看到報導，急著告訴我這個消息，語氣中沒有絲毫嫉妒與不悅，我感受到的是他真的替我感到開心。

戲演不下去，只好一五一十地全招了，沒想到小寶發出了他的「高聲尖笑」取笑我的愚蠢，開心地說：「妳本來就演得很好啊！」還自嘲地說：「我的臉本來就大嘛！」同時試著發出「嘖、嘖」聲，請我幫忙分辨是不是報導上說的聲音。

多麼寬大的胸襟啊！我的為難被小寶這麼幽默的反應消彌於無形，不但如此，他還和飾演他老闆的友輝商量偷改台詞，原本老闆戲中罵小寶飾演的夥計：「三十歲了還是一事無成。」結果小寶讓友輝改成：「三十歲了還是一事無成而且臉又那麼大。」

幸福是什麼？幸福是有一位能夠真正替你高興的朋友，他能用幽默化解掉自己的難堪與你的為難。

幸福是什麼？幸福是有一位朋友，你可以在他面前不修飾自己的喜怒哀樂，而且非常確信，他會為你的成就感到開心與驕傲。

幸福是什麼？幸福是有一位可以互相學習互相打氣，互相取笑又一塊兒大笑的好朋友。

喂，跟妳比起來，張雨生的臉怎麼可能會大呢？

對啊！喂！妳幹嘛！想來搞破壞嗎？

▲多年後到上海拍戲與譚健常老師相聚。

◀二〇一六年距離之前跟隨譚健常老師一起做唱片已經過了二十三年了，能再和音樂大師重聚暢談過往，榮幸又開心。

《吻我吧娜娜》：小寶人生謝幕曲

一九九七年果陀搖滾歌舞劇《吻我吧娜娜》邀請小寶張雨生，不是來演戲，而是請他來擔任音樂總監負責所有歌的譜曲，這齣戲空前成功，以下是《音樂時代》雜誌的部分劇評：

不要指望音樂界，指望劇界吧！流利暢快的《吻我吧娜娜》解放人心。

模仿品！試驗品！半成品！……以往看完所謂國產歌劇或音樂劇，心中難免產生這種遺憾，若說有讓我看完還想再看的（而這也是檢測音樂劇成功與否的標準），《吻我吧娜娜》可能是第一部。……《吻》從創作者到演員表現，風格一以貫之，盡情塑造一部搖滾歌舞劇，讓人每個毛細孔都舒暢，得到真正的「解放」。……首要功臣自然非張雨生莫屬，一掃「流行歌手寫不了大作品」的成見，現今不少有才氣的流行歌手自滿於「主歌—副歌」的速成創作公式，但是張雨生在這部作品顯然已超脫這種淺薄視野，不但注重各別作品的完整性，同時也顧及全劇風格統一，劇中人物都保有前後一致的個性，而每首歌也宛如量身訂作般適切……。

票房好到不得不加演，小寶的功勞無庸置疑，他的音樂才華此刻已發光發亮，受到大大地肯定。

加演版將在十月三十一日首演。十月份我們加緊排練，小寶在十九日晚上帶著球帽、身穿T恤短褲出現在排練場，主要目的是調整新女主角黃小琥的Key（原女主角為傅薇），因為正在排練中，小寶很識相地低調而快速坐到正閒閒沒事的我身旁，他問我排練的狀況、新演員的進度，我也問了他音樂工作的情形。

排練到十點多，小寶說他剛好有事要到我家附近，可順路送我回家。好久沒坐

▲《吻我吧娜娜》幕前幕後所有工作人員大合照。（果陀劇場／提供）

▲歌舞劇《吻我吧娜娜》大夥相處融洽，小寶手拿最愛的可樂，應該可以當產品代言人了。

▲和小寶在《吻我吧娜娜》的後台，因為戲劇風格，演員頭髮都染成誇張的顏色。

他的車了，他的車換成了Saab的敞篷車，一上車可以聞到新車該有的真皮味道，我想這是小寶犒賞自己這一陣子辛苦的禮物。

好奇的我，一上車就東看看西摸摸，看到小寶剛完成的「阿妹妹專輯」，我就很不要臉地說怎麼沒送我，他馬上說下次見面會給我。在車上，他提到張惠妹台東家的豐年祭，問我有沒有興趣去玩？有好康的當然要去啦！他形容了豐年祭的盛況，盡情地唱歌、跳舞、喝小米酒，「但是第二天走路就要小心了。」我問為什麼？他說「因為會有很多原住民醉倒在路邊……。」我們大笑！

第二天，一早九點多被朋友的電話吵醒：「小寶出車禍了！」

▲古裝舞台劇《天龍八部》，像極了「怪老頭與大笑姑婆」。

尚未清醒的我直覺是小擦撞，但一打開電視新聞我嚇到了，昨晚才坐過的車已面目全非，在車上看到的CD、樂譜散落一地，還有小寶的眼鏡也掉在地上。電視無情地一直報導，張雨生已送至淡水馬偕醫院搶救中……。

我放聲大哭，不知所措。爸媽買菜回來看到我這般大哭也嚇到了，知道是小寶發生車禍，全家跟著難過，因為我所有的演出全家人都會來看，也知道我因舞台劇和小寶成了好朋友。

下午接到果陀導演梁志民從醫院打來的電話，說小寶昏迷不醒正在加護病房，需要有人試著叫醒他，因為我跟小寶比較要好，所以最好讓他聽到我的聲音。我立刻和友輝聯絡，約了一塊兒趕到醫院。到了醫院，換了無菌衣，他們說看到小寶千萬不能哭，要用平常和他對話的方式跟他說話。好難啊！進了加護病房，看到小寶穿著昨晚的T恤短褲，完全沒有外傷，他的眼睛用紗布矇著，彷彿只是睡著了。我和友輝跟他說話：「小寶，快起來別睡了！」、「小寶，別裝了快起來！」、「小寶，你想賴掉欠我的CD嗎？」、「小寶，少來這一套喔！」小寶……小寶……小寶，小寶沒有理會我們，依然熟睡著。

第二天跟劇場與小寶合作過的夥伴一起到醫院，病房外的媒體愈來愈多，再次進到病房內和小寶說話，「小寶，大家都來看你了，你好意思賴床啊！」、「小寶，快點起來排練了！」、「小寶，不洗澡就睡覺很髒喔！」小寶……小寶……小寶，小寶還是沒有醒來。

戲還是得演，三十一號首演的日子漸漸逼近，看來小寶得缺席了，而大家還是必須打起精神繼續排練。再次來到排練場，大家像是說好了一樣，都沒提到小寶的事，坐在和那一天同樣位置的地板上，身旁小寶的位置空著，異常安靜的我告訴自己要忍著，一個夥伴看我低頭不語，過來好心地跟我說：「幼芳，妳還好吧？」忍了好久的情緒此時崩潰，我跑到廁所不敢哭出聲地流著淚，心中吶喊著：我不好我不好，我一點都不好，我的心情糟透了，我可不可以不要再演這齣戲了。

導演說，因為小寶無法演出了，所以戲中他要唱的歌由幼芳來唱。為什麼要這樣折麼我，我能做得到嗎？小寶依然昏迷不醒，我拚命地在家練習這首高難度，原本該由小寶唱的歌〈誰說婚禮都是神聖的〉。

首演在台東縣立文化中心。舞台上，到了婚禮這一幕，我走上樂隊的高台，站在小寶的位置，看著小寶的吉他，心中懇求缺席的小寶一定要幫助我好好唱完這首歌。

十一月二十六日，我們以小寶的名義在台北國父紀念館，為創世社會福利基金會募款義演。小寶沒等到這一天，於十一月十二日走了。

這場演出對我來說是種煎熬，我告訴自己無論如何都要ㄍㄧㄥ住撐完全場，當再次唱到小寶的這首歌，心中還是懇求小寶，幫助我好好唱完整首歌；當再次完成這首歌，觀眾席的上空，我彷彿看到小寶帶著笑看著我，不發一語，漸漸遠去……消失……。

人生太無常，好好珍惜當下的每一刻。

關於劇場與角色功課

果陀劇場成立於一九八七年，我於一九九二年第一次參與果陀演出，至二〇一六年，總共參與有二十多齣的歌舞劇和舞台劇了，應該還是參與果陀演出最多的紀錄保持人吧！

當然這二十多年來，我也參與了廣告、電視和電影的演出，但劇場對我而言是養分補給站，因為一齣舞台劇的形成，前置作業（劇本形成，演出場地及時間的接洽與安排，尋找適當演員等等）不算，從所有演員集合第一次讀本到首演，大概要花兩到三個月；歌舞劇因為還要練唱跟練舞，會需要更長的時間。長時間地反覆排練與磨戲，角色會愈來愈豐富，角色之間的默契愈來愈好，演員自然也就跟著進步與成長。

▲《東方搖滾仲夏夜》歌舞劇。（果陀劇場／提供）

舞台劇的排練時間表都是先行排定的。由於演出時間已確定，排練進度就拖延不得，先從「讀本」到「大的分幕」到「小的分場」進行排練；再來就是分上下場，舞台劇通常都有中場休息時間，好讓觀眾去洗手間；當然，也希望順便去買節目手冊。

排練從讀本開始，每個演員拿著劇本唸出所飾演的角色台詞，先從說話找出角色該有的語氣和性格，演員也可從讀本中檢查劇中角色是否有自己不了解或是說服不了自己的部分，讀本結束可與導演溝通商量。因為劇長的時間關係（一齣戲通常為兩個半鐘頭），有時很難將劇情細節交代得

▲《天使一不夜城》白玉薇（蔡琴飾演）跟另一方妓女吵架，我出面勸架。（果陀劇場／提供）

很清楚，但演員如果發現不合理，或是稍加修改可以令角色之間的關係讓觀眾更加了解，都可在一開始的讀本時進行討論。

果陀《天使—不夜城》歌舞劇，我在這齣戲裡與蔡琴同樣飾演妓女。我較為年長。排練最初讀本完之後，我發現劇中我和蔡琴飾演的角色很要好，但似乎少了些可以展現革命情感的情節，便在讀本完跟導演反應，導演與編劇就加了一場蔡琴飾演的妓女安琪跟另一名妓女為了爭奪客人被對方欺負，由我所飾演的妓女夢娜出面替安琪報仇，出手打了對方一巴掌。但是，劇本並沒有交代夢娜為什麼要為安琪如此仗義，所以我做了「**角色自傳**」**的功課**，**從劇本線索創造角色背景**。我設定的是：我所飾演的妓女夢娜因為被男人騙，成為了一位單親媽媽，為了扶養孩子，有了年紀還在當妓女，因為生意不好沒賺什麼錢，而安琪經常主動拿錢幫夢娜渡過難關。有了這層未在劇本出現的情節，可以幫助演員在詮釋角色與跟其他角色之間的關係時有合理性的依據，**唯有演員相信角色**，**觀眾才會相信**。

另一齣《情盡夜上海》歌舞劇，故事說的是上海知名交際花白玉薇（蔡琴飾演）的故事。我飾演老鴇金露梅，專門替白玉薇找有錢的金主，好從中抽取佣金。但白玉薇在一場舞會中愛上了男主角孟思辰（韓道光飾演），被包養金主杜月斌（陳志朋飾演）發現，不但賞了白玉薇一耳光，也斷了她的財路。孟思辰深愛著白玉薇，願與白玉薇結婚並長相廝守。但孟思辰的父親孟顯堂（陶傳正飾演）知道白玉薇曾經是交際花後極力反對，並私下找白玉薇請求她離開他兒子。於是白玉薇不告而別，又開始了紙醉金迷的日子，最後落得落魄潦倒又生重病的下場。而我這勢利的老鴇金露梅，轉向年輕的交際花任嬌蕊（丁小芹飾演）下手。

▲《東方搖滾仲夏夜》歌舞劇。（果陀劇場／提供）

▲舞台劇《傻瓜村》，與李立群合作。（果陀劇場／提供）

▲《東方搖滾仲夏夜》歌舞劇，在後台與熊天平合照。熊天平的歌聲真是好聽！

▲《東方搖滾仲夏夜》劇照。（果陀劇場／提供）

最後一幕戲的其中一場，我在白玉薇重病的時候去找她討欠我的錢，白玉薇要我自己拿她放在皮包裡的錢，我主動把錢包裡的錢全部拿走了。排練到這場戲的時候，我覺得自己飾演的老鴇實在太沒人性了，就寫了E-mail跟導演溝通我的苦惱。第二天導演排戲時，就讓金露梅拿光白玉薇錢包裡的錢，之後想了想又放了幾張回去，如此將角色的人性救回了一些些，我也釋懷心安多了。

歌舞劇的排練，除了磨戲，還要練歌跟練舞，雖然很辛苦，但是能在舞台上又演又唱又跳，全方位實力的展現，演起來就是感覺專業的「爽快」！

我很幸運能進入果陀這個專業且抱著永續經營理念的劇團，梁志民導演是位嚴謹又不斷求新求變的人，不但在每次排練時給筆記，就算已經開始演出了，每一場演完還是永遠有筆記。

養分就是這樣經過不斷打磨，沒有最好只有更好，不斷進步得來的，尤其要成就一齣戲，幕前幕後眾多參與的每一個工作人員都很重要，因為幕啟，每一場都是獨一無二的，都是一氣呵成，不能NG，無法重來。

十年磨一劍。

沒有白費的辛苦，沒有看不見的努力，和一群認真的夥伴共同完成一件作品，相互碰撞激勵，回首時你會發現，每段艱辛的歷程都是成長的營養品。

Great! Wonderful! Bravo!
安可！安可！

麻煩台下觀眾在看戲的時候不要大聲喧譁。

▲《天使—不夜城》幕前幕後所有工作人員大合照。（果陀劇場／提供）

▲《天使—不夜城》演出劇照。（果陀劇場／提供）

第四幕

人人都要學表演

廣告需要「精準」的表演

至今我拍了包括「碧麗珠」、「肯德基外帶全家餐」、「中華電信」、「遠傳電信」等五十多支廣告了。除了清潔劑「碧麗珠」之外，再來被觀眾注意到的廣告應該是「肯德基外帶全家餐」了，導演是「但昭理」。命運真奇妙，因為這個特別的姓氏，讓我認出他就是國中和我同校牽手跳土風舞的男生，當我說出這段陳年往事，但導也嚇了一跳，當場我就將他當同學看待，也消除了不少緊張。在拍攝當天的現場，導演跟我說：「陳幼芳，現場氣氛就靠妳帶了，因為有很多都是沒有表演經驗的素人。」我覺得短短幾秒的廣告好像也沒什麼難的嘛！不過是多演幾次罷了！跟舞台劇一齣戲兩個多鐘頭還不能NG比起來，廣告對我而言，真的就像是吃飯一般容易。

拍攝中，我只有對其中一位演員說：「你最好先不要真的吃炸雞，因為會重來很多遍，而且有可能需要真吃的鏡頭。」但這位第一次拍廣告的年輕演員並未聽我的忠告，每來一次就飽餐一頓，最後需要拍真的吃的鏡頭時，他再也吃不下了。

拍攝完畢，導演跟我當時的經紀人說我會紅，要她好好幫我過濾廣告不要亂拍。我當時聽到覺得他太誇張了，就算拉到了國中同學這層關係也不需要這般討好吧！幾秒鐘的廣告就會紅，那已經演了六七年的舞台劇算什麼啊？

沒想到他說對了。舞台劇到今天都只能算是小眾文化。但經過電視密集地播放這支「肯德基外帶全家餐」廣告，我最高紀錄一個星期去了同一個片廠三次拍不同的廣告。

另一個讓人印象深刻的廣告「中華電信ADSL老師篇」，老師坐在講桌後拿著教鞭，命令台下的學生跟著大聲唸「上網省月租費更省」。這支廣告原來的腳本不是這樣，是分了很多的鏡頭，台下大約有三十個臨時演員飾演學生。拍攝當天，原腳本大概拍了八個鏡頭，準備收工時，導演說我在試鏡時自己設計的橋段蠻不錯的，反正還有底片就叫我再演一遍，結果一鏡到底，十分鐘搞定。後來導演就剪了原腳本的片子，和我單獨一人表演的版本，提案給客戶中華電信的長官們看，聽說大家看了我自己設計一個人凶巴巴的那版都笑了出來，就決定採用。

也因為這支廣告，我又接拍中華電信另一支「機車篇」的廣告，另外也受邀替中華電信的兩次新產品發表會擔任編導演，外加一次主持抽獎活動，當時中華電信的董事長毛治國親切地與我握手，下令送了我免費使用ADSL兩年，因為那支令人印象深刻的廣告讓中華電信ADSL的業績暴衝。

找我拍廣告次數最多的是李幼喬導演，他在廣告圈知名度頗高。從拍第一支廣告「古道綠茶」（男主角是周星馳，沒跟他合照真是遺憾），到「遠傳家用電話節費盒」，以及「中華電信算命篇」、「秋雅梅酒」、「遠傳E-PC記者會篇」等等總共七支。我在跟李導演合作的第一支廣告「古道綠茶」中飾演風騷的老板娘，沒有台詞，大概露臉也只有兩秒鐘。因為要和大明星合拍，所以那次試鏡的人很多，也沒有腳本，就讓演員試想自己是個多話的老闆娘，對著鏡頭想怎麼演就怎麼演，於是我不停地對著鏡頭表情豐富地瞎掰一堆講個沒完，結果被李導演相中了。之後合作的廣告都是李導演指定找我拍，再也沒有試過鏡。

之後李導找我拍「遠傳」廣告，打光的空檔時間李導演跟我聊天，他說：「陳幼芳從第一支廣告到現在大概有十年了，妳喔……（聽到這裡，看著導演嚴肅的表情，有點害怕不知他要說什麼）保養得很好，一點兒都沒變。」（導演，你嘛幫幫忙，說話帶點表情好嗎？）我卻很不懂事地回答：「導演，我年紀比你大耶！」一旁的工作人員聽到了說：「真的嗎？看不出來耶！」當下我看到導演臉上掛了三條線就離開了，還好跟導演有點熟，不然我鐵定沒機會再拍他的廣告了。

拍廣告最怕就是拍動物和小孩子了。有一次拍攝，我要跟飾演我兒子的小胖子對戲，但他很好動不太受控制，每次演得都不一樣，導演有點不耐煩了，不過還是得耐著性子好好地跟他說：「你看阿姨（指我）表演得多『精準』，所以她可以早點回家。」

▲「中華電信 ADSL 老師篇」廣告。這是我廣告生涯最重要的一支。

▲拍攝秋雅梅酒廣告，原本用茶代替酒，我跟工作人員說我要喝真的梅酒才有感覺。後來李幼喬導演跟我說有兩個特寫，一個是喝酒，一個是吃梅子，問我要選哪一個？我說吃梅子，拍完現場留有十來瓶沒有梅子的酒，我吃得好過癮啊！

我知道導演所謂的「**精準**」指的是什麼，白話一點的解釋就是「**精細準確**」的意思，廣告通常只有十到三十秒的長度，所以**在短短的時間內，演員的表演一定要能夠抓住觀眾的眼睛**，廣告腳本的分鏡是很仔細的，例如這個動作只能有兩秒，下個表情只能有一秒，任何多餘的表演都是不被允許的。另外，**演員的能量一定要夠，才能帶起觀眾想看的意願，所以廣告表演需要有「爆發力」**、**需要「夠飽滿」**，有時因為燈光、因為攝影、因為某些環節不好，重複演上個十來遍是常有的事，而演員就需要每一遍的表情、說話的節奏、肢體動作都掌握得宜，精細且準確。總之，**廣告需要的表演必需要像瞬間燦爛耀眼的煙火一般**。

廣告表演需要「精準」，但要得到這兩個字的讚賞，可是需要長時間的學習與磨練。機會來了，你必須準備好，並且是萬全的準備好，這樣你不但能捧得住這個機會，並且能持續受到注意。成功沒有奇蹟，只有累積。

欸，拍了這麼多廣告，除了現場可大吃特吃，拍完廠商會將產品送給妳嗎？

哈哈！以我在廣告界的知名度當然會啦！肥皂、梅酒、泡麵、飲料……統統送啊！唯一沒拿到的產品是「冷氣」。

小劇場

電視演出邀約不斷

廣告的宣傳效果真的很嚇人，「舞台演出七八年，不如廣告一兩支。」因為不斷地廣告曝光，電視劇的製作人也找上門來。

《麻辣高校生》的製作人就是因為看到我演出的廣告，邀我在劇中擔任「鄺主任」這個角色，大概是因為我將這個角色演得很「機車」，加上製作人要我戴上那閃亮亮的眼鏡，從此以後，找我演出的幾乎都是「刀子口豆腐心加面惡心善」個性的角色，當然喜劇占了絕大多數。

就在我在電視圈有了小小知名度之後，有一天，電視偶像劇《流星花園二》的製作單位找我演出個非常輕的角色，酬

▲侯孝賢導演的《海上花》，與高捷大哥。侯導對於服裝道具的要求嚴格到嚇人，每次拍戲覺得自己身處在古代呢！

勞很少，就兩場戲，跟大S一場、言承旭一場（能看到帥哥還計較什麼錢啊）。沒想到兩場戲，沒幾句台詞，讓製作人柴智屏注意到我，約我見面，還想跟我簽經紀約，讓我受寵若驚。當時我沒有經紀人，很怕簽了經紀約之後就沒辦法再演舞台劇，就委婉地問柴姐：「如果不簽經紀約，妳還會找我演戲嗎？」柴姐說：「當然還是會啦！」

就這樣，繼《流星花園二》的兩場戲後，我又接演柴姐製作的《狂愛龍捲風》，男主角是仔仔，女主角是徐若瑄。之後又演了《好美麗診所 Part1》和《好美麗診所 Part2》總共一百四十集，領的酬勞是我參與電視劇以來最多的。

還有之後的《翻糖花園》，這齣戲的男主角是韓國明星朴政珉，他讓我見識到什麼叫死忠粉絲。這齣戲的主場景在淡水山區的一家餐廳，拍攝正值冬天，朴政珉的粉絲來探班，全劇組都沾光，除了高檔便當、水果、外加貼心的暖暖包，還有粉絲手寫的感謝卡，謝謝大家照顧他們家小珉。哪有什麼照顧，只記得男主角朴政珉每回上工都是主動親切打招呼，收工也不忘跟大夥說感謝，也親手做了好幾回的泡菜煎餅給大家吃，戲殺青還收到他送的禮物外加簽名CD。我並不哈韓，但拍戲多年，韓星朴政珉是我見過最沒架子最親和的明星了，這一行很容易暴紅，也容易犯大頭症，名利一但上身，周遭的人就會開始捧著你，走到哪裡都受到矚目的眼光，這時也是挑戰人性的時刻了。

《光陰的故事》這齣戲說的是外省眷村的故事，題材創新，收視率也不斷創新高。拍攝期間，只要收視又創新高，中視長官就會又發紅包又送水果的。那段時間走在路上，都會被路人直接喊我劇中飾演的角色「朱夫人」，有些會叫我「朱媽媽」，但我都會糾正說是「朱夫人」。

出名的好處真不少。護理長、朱夫人時期，只要到市場買菜，菜販多送些蔥薑是經常有的事，到百貨公司買東西多些折扣也是有的。但有些時候就……。有一回去賣場買東西，買完在停車場等男友開車準備回家，就看到車道對面有輛小貨車的司機向我招手，似乎有事找我，我以為是熟人，匆匆地跑了過去，結果那位老兄安穩地坐在駕駛座，笑笑地跟我說：「妳是電視上的那個喔！」挖哩勒！這位老兄你招手讓大明星我跑過來，只是為了證明你的好奇，別說不知道我本名叫什麼了，連個劇中人物角色的名字也叫不出來；為了顧及自己的形象也不好說什麼，也只能笑笑地說：「是啊！」回答完畢，再滿肚子大便地跑回去。

很多不起眼的機緣有可能造就日後更多更好的機會。

用平常心看待名氣帶來的種種際遇，千萬不要讓自己過分享受在掌聲之中，大部分的名氣只是人生短暫的過往雲煙，尤其只是靠年輕外表所得來的名氣。不斷培養自己的實力才能獲得他人真正的尊敬。

拍那麼多戲有沒有弄出過什麼緋聞啊？

請問妳敢跟照片中的人鬧緋聞嗎？

為自己爭取模仿陳文茜

最早的政治模仿ＬＩＶＥ秀應該算是八大電視台的《主席有約》，曾經紅極一時，後來幾個固定班底出走到他台，演員小毛（陳繼宗）打電話給我，問我要不要到節目中模仿當時的副總統呂秀蓮，我當下的感覺是：我像嗎？

不過，**從來沒做過模仿就試試吧**！

光定妝就定了很多次，我也拚命地看錄影帶，買呂副總統的書來看，結果記者會蠻成功的，我將副總統的姿態模仿得很像。但頭一次上ＬＩＶＥ直播節目真的是要我的命，習慣舞台劇表演，我不知道要對鏡頭演戲，而且劇本都是播出前一個鐘頭才拿到（因為要配合最新的時事），怎

▲山寨版（右）遇上正版（左）。

麼背啊！就算講錯了也來不及救，就這麼播送出去了。剛開始錄節目的時候台詞還不多，但我因為不熟習棚內四機作業，只見其他演員，高凌風大哥、小郭（郭子乾）、小邰（邰智源），只要鏡頭不在他們身上，他們就立刻拿出腳本看自己接下來要說的台詞；只有我一個傻傻地看鏡頭，也不敢看腳本，盡顧著在那兒作戲（其實鏡頭根本沒拍我），因為我過去演出舞台劇，就算沒台詞，演員還是要在戲中。

每次錄影完，只見製作人面有難色地看著我說「不像」，彷彿收視率不好都是我害的。壓力大又沮喪，看到其他演員錄影前，腳本也不怎麼看，在那兒談笑風生地聊天，而我卻是每次都第一個到，化好妝然後跑到廁所去背腳本。那一陣子胃藥吃了一堆，而呂副總統的口音我始終抓不住，慢慢習慣鏡頭之後，節目收視率還是不好。

有一天，我向製作人毛遂自薦：「可不可以讓我試試模仿陳文茜？」製作人面有難色，他大概想我連一個角色都模仿不好了，居然還想模仿第二個。但我其實觀察陳文茜說話的姿態很久了，而且我姊夫很早就說過我跟陳文茜長得很像。最後製作人勉強答應先讓我定個妝，一定完妝，我記得製作人看到化完妝的我，高興地跳起來說：「天助我也！」第二天，在節目中我就當起了「陳雯茜」。節目一播出就有記者打電話來詢問，報紙也大篇幅報導：陳幼芳文茜上身，相貌、神態、無人能比。

這個角色大大成功了，但也害苦了自己，因為後來節目乾脆開了個新單元〈雯茜削新聞〉，整本腳本幾乎都是我的台詞，就算躲到廁所也背不起來。第一次節目新單元錄影前聽到倒數五、四、三、二……。我雙腳發抖，幾乎就要拔腿逃出攝影棚，胃藥也吃得更多了。

▲能夠像陳文茜覺得很榮幸。

這個角色讓我最得意的就是近距離騙倒過歌手「伍佰」。《主席有約》的前一個節目是大小S主持的《娛樂百分百》，有一天我化完妝要去上廁所，經過休息區看到伍佰坐在那兒，我記得當時有個模仿伍佰的素人模仿得很像，便上前問道：「請問，你是真的伍佰，還是模仿的？」只見此人立即站起來回答：「我是真的。」我「喔！」了一聲，點個頭示意就去廁所了。當伍佰準備進攝影棚錄影經過化妝區，客氣地跟我說：「陳委員，好久不見！」我滿頭霧水，我們剛剛才第一次見面啊！此時伍佰看到化妝區其他演員在化模仿妝，知道自己被騙了，說了聲：「Shit！」就掉頭快速進攝影棚了。

模仿陳文茜讓更多人認識我，有一回到餐廳用餐，服務生拿了紙筆過來說：「陳文茜小姐，麻煩幫我簽名。」你說我該簽什麼呢？

對於有把握的事就該努力爭取，有時考慮太多就錯過了發光發亮的大好機會了，就算最壞的結果是被拒絕，損失的不過就是面子嘛！面子一點都不值錢，還不如路邊發的廣告面紙呢！所有的批判，都可以轉化成進步的動力，只要你願意。

欸，妳這張臉既然可以模仿呂秀蓮，也可以模仿陳文茜，那是不是代表呂秀蓮本尊和陳文茜本人長得很像囉！

耶，這個推論有通喔！如果她們兩位知道，不知會感到開心還是難過？

小劇場

演員必須學會適應

演員這一行好像外表光鮮亮麗，又名利雙收，但拍攝期間的辛苦可是說都說不完。棚內最恐怖（例如前一篇的模仿秀）LIVE播出的節目算是精神上的考驗；外景最可怕的就是天候加上環境了，夏天穿厚重衣服拍冬天的戲，冬天穿著單薄拍夏天的戲，在荒郊野外被蚊子，尤其被「黑金剛」叮咬到，那可得癢上好久，嚴重還需要送醫，所以外景是屬於身體上的考驗。

三立電視台《綠光森林》拍攝地點在新竹關西山區，距離台北開車要兩個多鐘頭，山區氣候變化大，所以拍攝進度很慢，有時拍到一半，霧太大或下雨，就

▲電視劇《幸福三顆星》於上海拍攝，空檔時間與楊謹華玩藍正龍手工特製的木質名牌大包包。

得暫停在現場，等著看老天爺的臉色。通告經常是上午六點要到現場化妝，所以得在凌晨四點多摸黑從台北出發。有一次開車趕通告的時候，接到執行打電話跟我說山上下雨所以撤通告，而我差不多再十分鐘就要到現場了。在台灣，溫度要下降到攝氏零度應該很少見，這齣戲讓我見識到了，而且經常下雨，更是冷上加溼。上廁所要走一段路，途中要小心蛇，如廁時會有大蜘蛛陪伴，還好姊姊我在藝工隊有練過。

中視《幸福三顆星》是在上海拍攝，主場景是在某個廢棄許久、雜草樹木很多的房子，這裡的蚊子雖不是凶惡的「黑金剛」，但遇上我們這群豐盛的美味人血出現全都衝出來飽餐，防蚊液完全防範不了，電蚊拍連續發出的啪啪聲會讓人感到很爽但永遠電不完，好康逗相報，彷彿方圓幾十里的餓蚊全來了，我那可憐被襲擊猛摳的腳，三年了還是留下疤痕。比起來，藝工隊外島的蒼蠅可愛多了。

演電視劇要適應環境之外，再來就是要適應不同的導演了。

電視劇《痞子英雄》拍攝精緻，在金鐘獎得到多項獎項，也讓廣大觀眾驚豔。我所飾演的北區分局凌局長，原來是于美人要來客串，因為戲拖了很久才開拍，于美人的時間無法配合，所以找上我。整齣戲在高雄拍攝，所有工作人員和主要演員都常駐在那裡。戲分少的如我，就是從台北搭高鐵至高雄，拍完再回台北；有的時候連著兩天都有通告，會住在高雄一家標榜全國最低價的飯店；場次少的時候，當天能拍完就當天搭高鐵來回。

這齣戲的導演蔡岳勳，是圈內出了名的慢工出細活。蔡導是演員出身，所以很在意演員情緒對不對，會很有耐心地跟演員解說角色的內在情緒，是以拍攝速度慢是一定的。有一次通告是上午十一點要到高雄，預計當天可拍完回台北，經紀公司工作人員訂了大約九點的高鐵車票，剛上車，車才發動就接到劇組的電話，說前面的戲會延遲，我們大概下午一點到就行了，但我已經上了車，就想沒關係，先到現場等一下。這一等已是吃了兩個便當到晚上九點了，導演看到我馬上說：「抱歉！」我說：「沒關係！」因為我知道拍戲本來就有很多無法事先預知的狀況（不過這齣戲特別嚴重就是了），但直覺今天我的部分鐵定是拍不完了，因為沒有帶任何過夜需要的東西便先主動跟導演說：「原本通告是今天可拍完回台北。」導演面有難色，覺得再怎麼趕也拍不完，我當下知道這為難的情況，就跟經紀公司的人說只要幫我借到一些過夜需要的卸妝品、保養品，我可留下明天再繼續拍。

拍完蔡導的《痞子英雄》，馬上就接拍電視圈被封為快手的林合隆導演的《呼叫大明星》。林導演是攝影師出身，所以鏡位非常清楚，這個鏡頭拍完，不用思考，下個鏡頭立刻擺定，現場的燈光師都是用逃難式跑步在搬移燈具。但是，林導演性子急、脾氣壞也是出名的，常常會聽到導演對沒啥經驗的新演員開罵，罵到演員演起戲來還會顫抖。不但演員會被罵，就連攝影師角度沒抓對，運鏡節奏不對，燈光師燈打得髒，全都在挨罵的行列，無一倖免。拍林導的戲真的會有一種他導的那齣《惡魔在身邊》的感覺。

除了能力，學會適應，更是職場上最該做好的功課。每到一個新的環境，新的夥伴、不同的公司文化、不同的老闆、不同的要求，你都得去適應。常常有人做一行怨一行，明明能力不錯，但往往問題大都出在適應上。無法變通會讓自己發展有限，很多工作沒有合理不合理，公平不公平，有的時候是一種體諒，有的時候是一種潛規則，要嘛，適應！不然就離開。

哇！《痞子英雄》耶！北區分局凌局長，那一定不能搞笑演出，妳行嗎？

喂！我可是個實力派硬底子演員，不是只會演喜劇好嗎！是因為我喜劇太強，所以製作單位特別喜歡找我演喜劇，其實社會寫實劇，倫理悲喜劇，甚至古裝戲，我都行好嗎！

健康亮起紅燈

我承認自己很能「ㄍㄧㄥ」，除了當年進藝工隊因為要減肥，硬是讓自己早上空腹喝「檸檬加養樂多」外加使用挨餓法，不但這樣，外島勞軍時還豪邁地喝高粱與老酒，雖不至於喝到爛醉如泥，但貪杯絕對是有的。也曾經在藝工隊練舞時，不慎被男隊員踢中右腳踝，當下痛到掉淚，但我竟然沒有要求休息，沒有立即冰敷處理，更沒有去看醫生，直到整隻腳黑青，驚覺傷得不輕就醫治療已為時太晚，無法痊癒，而下場就是直到現在右腳踝還有消不去的硬塊，路走多了會脹痛。

用「不見棺材不掉淚」來形容自己虐待身體的行徑真是太恰當了。慢性胃炎應該早就偷偷上身，但我只是隨身帶著胃藥；後來怕胖，但早上不敢空腹喝檸檬加養樂多，改喝冰咖啡，如此可讓自己腹瀉，感覺前一天吃下太多的食物可全部排出體外；當然酒還是照喝，外加抽菸。

演舞台劇至中南部演出結束時，常有熱情的當地觀眾請大夥吃大餐，酒當然是有的啦！喝啊！胃鏡照了三次，從輕微發炎到破皮到胃糜爛，既然這樣，那酒就少喝一點兒就是了。

我有鼻子過敏的毛病，曾經演出某一版的《淡水小鎮》，幕一拉開，劇中人會擺出個Pose停在舞台上一段時間，我所飾演的陳太太的動作是低頭挾煤球，我頭一低就眼看著鼻水一滴一滴地滴在黑色的塑膠地板上，後來我便隨時備著「斯斯鼻炎膠囊」。那一次在歌舞劇《吻我吧娜娜》演出前，肚子不太餓，所以沒吃便當，鼻水又流了，慣性地就吃了顆鼻炎膠囊，臨上台了鼻水居然還在流，我又再吃一顆膠囊。那齣劇又要唱又要跳，第一首歌還有很多轉圈動作，舞蹈一跳完，藥效發作了，手腳發抖又心悸，差點昏倒在台上，硬撐了過來，下了台嚇到邊趕妝弄頭髮邊吃便當。

排練《東方搖滾仲夏夜》歌舞劇，膝蓋受傷了還是硬撐，不願請假休息。有一次排練時膝蓋忽然完全動彈不得，事後看醫生，被斷定是「滑液囊膜炎」，膝蓋已經腫得很大，醫生警告我，再跳舞腿會斷。

休息了幾天，要加演另一齣戲《吻我吧娜娜》，之前提過，這齣戲是歌舞劇，要跳舞的，我就將發腫的膝蓋用護膝強力固定，然後一拐一拐地又演又跳。記得加演場是在台中的中興堂，中興堂的場地很奇怪，穿場要走旋轉鐵樓梯下到地下室，再從另一邊的樓梯上去。終於演完了，膝蓋也更腫了，得好好讓腫得不像話的膝蓋休息了。連夜搭車回台北，就在某個休息站想上廁所，一看是蹲式，我真的想飆淚了，覺得自己好可憐，因為我受傷的左腳膝蓋已經腫到無法彎曲，但總不能站著尿吧！只好用右腳蹲，腫的左腳盡最大的努力配合，變成一種像狗灑尿的姿勢完成儀式，然後再用手扶著牆用力起身，從沒想過蹲下小便竟是如此困難。這次的腳傷，讓我的兩腿直到今天還是一粗一細。

直到演《情盡夜上海》這齣歌舞劇，女主角是蔡琴，劇情是紙醉金迷的上海名交際花「白玉薇」的愛情故事。我飾演的是老鴇金露梅，專門仲介交際花給有錢人，從中賺取介紹費。這個角色戲分很重，有一場戲下場後得直接在翼幕旁換下一場的戲服，因為到後台換裝會來不及緊接著上場，我壓力大又得了重感冒引發氣喘。

某場演出前已化好了大濃妝的我，忽然腹瀉，然後胃絞痛，我慌亂得感覺像是自己即將快死了一般。那場演出導演有事沒來，我知道自己無法上台，告訴了女主角蔡琴，她立刻讓工作人員帶我到離國父紀念館最近的診所看醫生，打了一針讓胃舒緩下來，醫生要我留下來觀察一個鐘頭，但我還是匆匆離開醫院，因為不到半個鐘頭，我就要上台了。

這齣戲演完，我的肺功能剩一半，直到現在只要季節轉換、氣溫變化大，還是會喘。一直腹瀉，吃藥也沒效。肝膽腸胃科的醫生幫我轉診到台安醫院看家醫科，

果陀劇場《東方搖滾仲夏夜》歌舞劇，左為齊豫，對著我（右）這頭驢子唱情歌。人生真是奇妙，我竟然和齊豫和齊秦兩姐弟都合作過歌舞劇。（果陀劇場／提供）

▲《情盡夜上海》與陳志朋（左）。（果陀劇場／提供）

結果診斷出我得了「恐慌症」。我的恐慌症先是從腸胃反應（我的腸胃對於被無情地對待，終於發出嚴重的抗議），再來感覺慌亂，當下只想快到醫院就診，覺得自己快要死了。從小胖大到的我，減肥是從不間斷的功課，但那陣子居然最怕聽到別人說我怎麼變得那麼瘦啊？

所以當這齣戲演完，偉忠哥邀我加入《全民大悶鍋》時，我知道我的健康出問題了沒辦法參與，尤其那還是曾經讓我猛吃胃藥的電視LIVE播出型態。

恐慌症讓我一度沮喪到覺得自己再也沒辦法演舞台劇了，而最大的好處就是，菸、酒、咖啡全戒了。

不要仗著年輕就揮霍健康，欠身體的遲早都要加倍還回來。敬業不需要建立在虐待自己的身體上，生病該休息還是得休息，身體是自己的，沒有誰能替你分擔苦痛。

另外，想在表演工作上長長久久，就快快戒掉不良的生活習慣。生病看醫生，千萬不可亂吃成藥，尤其是「斯斯鼻炎膠囊」絕對不能空腹一次吃兩顆。

小劇場

如果在舞台上恐慌症發作會怎麼樣？

狀況一：
趕快嚇得逃下台就醫。

狀況二：
ㄍㄧㄥ住，繼續加速往下演。

那妳有發生過嗎？
如果有，妳選狀況一
還是狀況二？

發生過幾次。
我選擇狀況二。

再見瑞蓮之恐怖遭遇

一九九八年在台北觀看了一齣由外國作家皮藍德婁（Luigi Pirandello，1867—1936）原著改編的舞台劇《六個尋找作者的劇中人》，故事大綱是六個被劇作家偶然創造出來又遭到遺棄的劇中人，他們來到劇場，尋找導演和演員，希望說服讓他們活一次。

這齣戲給了我很大的震撼，也讓我想到自己曾經在舞台劇中扮演過的許多角色，《淡水小鎮》中的陳太太、《吻我吧娜娜》的寇子、《完全幸福手冊》的賈麗麗……。這些角色在演出完畢落幕之後，會不會靈魂還幽遊在各個劇場間，等待著被再次呈現出來……？

而扮演這些角色的我，又期待和哪齣

▲《開錯門中門》與蔡燦得（右）。果陀不知從何時開始，在戲結束的慶功宴上，導演都會發給每個台上演員和幕後工作人員值得紀念的照片，還會在相框上題字。我好喜歡這一刻。（果陀劇團／提供）

戲的哪個角色再次結合呢？

《開錯門中門》的瑞蓮是我最想念的。一九九六年，距離現在二十年前，是我第一次認識瑞蓮，她正直勇敢冷靜幽默又溫暖的個性，深深吸引著我，當我站在舞台上扮演她，會覺得自己在發光發亮。

二〇〇〇年第二度參與《開錯門中門》的演出，與瑞蓮再次相遇。當我研讀劇本時，發現瑞蓮的對白怎麼那麼熟悉？有些話不是我平常就會說的嗎？原來二十年前的接觸，瑞蓮已深深地影響了我，而我在現實人生也將瑞蓮當成學習的對象，但我知道我還是不像，因為我不夠勇敢，有的只是不夠冷靜的衝動與莽撞，想要展現溫暖卻經常猶疑不決地讓人有距離感，唯一拿到高分的幽默，有時卻不分對象、不知輕重地傷了人而不自知，欸！多麼希望瑞蓮就在身邊時時提醒刻刻教導。

能第三度碰到瑞蓮讓我狂喜，我想這是老天故意安排的機會，讓我在經過歲月磨練，一直到了和瑞蓮相同的年紀，才能真正學習到瑞蓮的智慧吧！尤其是舞台上碰到演不下去的狀況時。

這齣戲，我飾演的是女主角瑞蓮，蔡燦得飾演的是妓女波波，故事講的是發生在一間飯店房間的離奇事件：某天我入住這家飯店，晚上準備睡覺時發覺房間客廳有聲音，從睡房到客廳查看，發現妓女波波誤闖進來，她辯解說是從客廳另一個連接到隔壁房間的門進來的，還說了一些很怪異的話，我不信，請警衛將她帶走；她走後，我出於好奇，便進去她說的像是時光之門的房間。

這場戲和上一場戲用的是同一個場景，但設定兩場戲時間差了二十年，劇情是波波被殺手追殺，躲進了時光之門的房間。正式演出追殺那一幕時，因為飾演殺手的演員過於入戲，在追殺波波而波波逃進房間時很用力地敲打了只是用木板作成的

道具房門，結果把原本該向外拉就會開的門打得拉不開，整個門卡了進去。

波波蔡燦得原本要從這道門出來至客廳，因為門打不開，就趁著燈光閃爍間，從一面應該是牆的地方爬出來——這個小房間的舞台設計是有兩道牆，但因為要讓觀眾看到演員在房間內的表演，所以牆的部分是空的，只是演員必須將它視為真牆——所以波波算是破牆而入了，還好當時燈光昏暗。

▲舞台劇《開錯門中門》。（果陀劇場／提供）

好了！換我要進去了，燈光大亮，門打不開，進不去戲也別演了，就在我試了幾下確定怎麼都拉不開時，我一邊開始用台詞暗示台下的導演門壞了，一邊想著該怎麼辦？因為我怎麼都得進去才行啊，我靈機一動，把原本該往外拉開的門硬是向內推，用力頂出一條窄縫，把自己硬塞了進去，還不停念念有詞：「這個門很奇怪，但是我還是得進去看一看。」

戲終於能不受影響地繼續往下演，只是舞台上的我看似不動聲色，事實上已嚇死一堆細胞了。

當狀況不容許後退只能前進時，那就勇敢面對問題、解決問題，就是不能逃避與躲藏。

人生不可能事事順心又順利，學習冷靜面對意外的突發狀況，急躁只會壞事，方法往往是在心靜之時找到的。最可怕的就是被自己的恐懼打倒，比賽尚未結束就先舉白旗投降了。

天啊！舞台劇真是恐怖，不但生病得硬撐，連道具壞了都得想辦法圓場，為什麼還有這麼多不怕死的人熱衷於劇場啊？

除了熱情！還是熱情！

小劇場

陶大偉教我的事

雖然現在的年輕人對陶大偉的認識可能僅止於「歌星陶喆的爸爸」，但在七〇年代，台灣觀眾對於陶大偉的《小人物狂想曲》、《嘎嘎嗚啦啦》等綜藝節目一定不陌生，對兩首節目輕快的主題曲大概也能哼上幾句，而孫越、陶大偉、張小燕三個好朋友的多年友情，也是演藝圈難得的美談。

對於陶叔的能唱能演能創作全方位的才華，我是崇拜得不得了，尤其他的幽默感加上帥氣的外表，就算有了年紀還是依舊迷人。

人生無常⇒腸
沒有大腸的大腸
麵線
要了一个空碗接眼淚

民國九十五年，果陀邀請陶叔來演《淡水小鎮》中舞台監督這個角色，戲分

很重，台詞又多。第一次在排練場看到這位昔日大紅星依舊風度翩翩，瀟灑的穿著散發著巨星的魅力。當年陶喆正當紅，陶叔不可能是為了賺取那微薄的演出酬勞而來，我直覺是日子太無聊，他來演舞台劇打發時間。

這齣戲我已經是第四度演出了，都是飾演男主角的媽媽「陳太太」。同樣的戲演上四回，大概只要排個一兩次，台詞就全部記起來了，不但如此，連其他角色的台詞也可記個七八分，所以排練過程中只要其他角色的新人忘詞，我可立即幫忙提詞。

《淡水小鎮》是陶叔第一次演舞台劇。舞台劇和電視、電影最大的不同就是，舞台上是不能NG的，所以需要長時間地排練。果陀劇場的排練很有紀律和效率，相對在排練場就有很多規則必須要遵守，例如：排練不能遲到，也不能無故不到，排練場不可吃東西，也不可以在導演排戲時在一旁大聲喧譁影響排練進行。

陶叔從第一天排練時就嚼著口香糖，我想，對陶叔而言這跟在拍電影的現場導演說戲時差不多，大牌演員抽個菸或是喝杯飲料順便吃一下便當沒啥大不了的。對於陶叔這位大明星在排練場嚼口香糖，導演沒說什麼，但我可是親眼見過導演曾對劇場新演員嚼口香糖很凶地說：「去吐掉！」

排練後期會進行整排，將戲從頭到尾演一遍不打斷。劇場待久了就知道，整排是很正式的排練，整排前演員大夥集合圍成個圓圈，導演先作重點提示，哪些部分要注意什麼，比如某某人的速度，也可能是某某人的動作，只見陶叔還是嚼著口香糖，應該是完全不明白劇場整排的重要性，而導演應該是顧慮太多，重要整排還是對陶叔態度輕鬆嚼口香糖沒有表示什麼。這時有個號稱「劇場糾察隊」的白目演員，就是本人我，說話了：「陶叔，你在戲裡有嚼口香糖嗎？」陶叔說：「沒有。」我說：「那你去把它吐掉。」結果陶叔乖乖地去吐掉口香糖了，此時導演竟然像是鬆了口氣地對我說：「謝謝。」

但衝動的我說完就後悔了，干我屁事啊？我出什麼頭啊？犯得著去得罪大牌嗎？沒想到第二天排練時陶叔跟我說：「幼芳，妳是好人。」

就是這次事件，陶叔跟我反而走得近了。進劇場準備演出前，有一天接到果陀執行長林靈玉傳簡訊給我，說導演想請我幫個忙，因為陶叔容易忘詞，所以開演前要我幫忙盯陶叔熟練台詞，因為導演「不方便」。

我真的是最適合扮演這樣的角色了，於是我在舞台上會將耳朵豎得直直的，聽陶叔這一場哪裡講錯詞，聽出來了就在下一場開場前抓他過來反覆練習昨天錯的部分。我這個糾察隊可是很嚴格的，但陶叔一點兒都不生氣，反而有點依賴我，日後乾脆也改口叫我「幼芳媽咪」，而我也就毫不客氣沒禮數地喊他「大偉」。

有一次演出前，我的恐慌症又發作，先拉肚子，然後進入恐慌症狀，大偉握著我的手安撫我的情緒，並為我禱告，就像是個慈祥的牧師，給我這個恐慌患者帶來了無比強大的安定力量。

另一齣和大偉一起演出的戲，是二〇〇七年的《開錯門中門》。這齣戲因為我戲分重，台詞多到自顧不暇，沒有再負責大偉的盯詞工作，不過大偉如果被我抓到偷抽菸，我還是會立即擺出「不可以喔！」的糾察臉，大偉也會很識相立即滅掉，作無辜狀。

共演過兩齣戲之後，我跟大偉的感情變得很好。我遇到難題，也會請他這位前輩給建議。他除了主動約大家去他家，由他下廚做好吃的給大夥享用之外，我們兩人也常相約去外面吃飯，聽他聊過往演藝圈的輝煌和許多內幕八卦故事。他說他紅的時候犯了大頭症，以致於沒有交到什麼朋友，所以他很珍惜現在認識的朋友，對於我雞婆的個性更是經常讚美，他說：「妳這種個性在美國太吸引人了。」可是我在台灣就經常嚇跑人啊！和大偉聊天真是開心，尤其他的性格幽默，在講到精采處還會加上示範表演動作，每每讓我笑到掉淚，卻也擔心餐廳其他客人會投來異樣的眼光。

另外最讓我感動的是，只要我一有新廣告在電視上播放，立即就會收到他傳來的簡訊：「幼芳媽咪啊！只要有妳的廣告就是好看。」、「幼芳媽咪：妳是怎麼保養讓自己永遠這麼年輕的啊？」、「幼芳媽咪：妳的演技讓另外一個演員看起來像一根木頭。」大偉總是大方地讚美，總是給我帶來無限溫暖。

如果欣賞一個人，不妨主動伸出友誼的手，友情是一輩子最珍貴的財富。永遠不要吝嗇你的讚美，每個人都需要被肯定，愈在高位愈要經常給予他人鼓勵，因為一句好話可以溫暖一個人的心好久好久。

只要願意改變，人都會有重生的機會；只要願意付出，你所獲得的回饋會超出你的想像。

陶大偉突然逝世，妳一定很難過囉？

沒能有機會跟大偉好好道別是我一大遺憾。告別式那天我跟陶喆說：「我可不可以抱你一下？」陶喆大方地說：「當然可以。」然後給了我一個大大的擁抱。

我的表演教學

其實很早就有人找我教表演，但我不是科班出身，對於課程安排、怎麼教法，沒什麼概念。幾年前果陀林靈玉執行長，這位看我在果陀一路演來的夥伴很慎重地跟我說：「**幼芳，妳可以教的，而且妳有一種感染人的天生魅力！**」

好吧！既然沒上過什麼正式的表演課，但我有舞台劇、廣告、電視的豐富表演經驗，於是我自行設計課程內容，從演員本身會遭遇的難題，從自己七年在藝工隊所接受的歌舞訓練，邊教邊摸索出最有效率的課程內容。

不同媒介的表演都不同。電影的大螢幕不宜過於放大的表演。舞台劇的舞台大鏡框，演員站在台上是很渺小的，所以必須有高能量的放大表演，讓坐在最後一排的觀眾也都能看見。廣告短短幾十秒的表演，類似舞台劇需要飽滿的能量。而電視表演也分很多類型，喜劇可稍加不寫實，例如：「三立電視台」的很多偶像劇；但傳記式的劇情就需要平實不誇張的表演，例如：「大愛電視台」的很多戲就是如此。所以演員必須先了解這其中的不同，隨著不同的型態來調整自身的表演方式，但經驗告訴我，以舞台劇的方式來訓練自己最好。學會釋放最大能量；學會咬字清楚，因為舞台劇是沒有字幕的；學習讓肢體靈活，因為舞台劇沒有特寫鏡頭，肢體語言就需要非常豐富；學會明確的語言節奏，因為舞台劇沒有後製剪接，不能靠鏡頭變化幫助戲的節奏；學會專注地融入劇情當中，因為在舞台上就算沒有台詞也必須在戲中，因為觀眾都看得到，而電視、電影只要鏡頭沒帶到，通常演員是休息狀態的。

幾年下來的教學經驗發現，通常新人最容易出現的問題與需要學習的是：

一、咬字不夠清楚，講話速度過快，**觀眾聽不懂**，**表演等於零**。設法在開口說話之前吸足氣，每個咬字完整拉長些，這樣就能將節奏放慢，也會讓聽的人舒服易懂。

▲二〇一六年表演教學三年多，新竹縣藝術節的這個表演班讓我印象最深刻，因為學員中有六十多歲已退休的老師，也有現任國中老師但即將兼任表演教學，當然也有各行各業想要一圓演員夢的人士。一開始我以為年紀大，可能學習力不是很夠，但我錯了，因為表演最重要的就是熱情，在這群可愛的朋友中我看到了。

二、宅在家裡太久，太少與人交談，導致過度緊張，連該怎麼說話都不會了。所以，別只顧著打電動、手遊，**出門去多多製造與人對話的機會**。

三、過早老化的肢體是很多年輕人常見的問題，駝背、斜肩、氣虛，缺乏運動，導致身體不夠靈活，往往開口只是交代台詞，完全沒有肢體語言，手足無措，緊張情緒表露無遺。**動起來，最好去學跳舞，讓身體有節奏感，才能夠在衝突劇情中展現足以配合情緒的肢體動作**。

四、臉部表情不夠，無法傳達

情緒。**臉部肌肉其實是可以透過練習做出很多的情緒變化**，光是睜大眼抬眉就能傳達驚訝、憤怒、震驚等等情緒。

五、無法徹底消化台詞。死背劇本就會被台詞綁架，一定要**先了解台詞的涵義與重點所在**，絕不可以只是照本宣科地唸出來而已。另外就是無法記住台詞、丟三落四的、每一次台詞都不一樣，有時鬼打牆似地重複同樣的句子，如果發現自己非常非常認真地練習很多很多次還是無法將台詞背熟，真的建議不要想走演員這行，因為有些戲劇角色是必須一字不漏的，比如飾演律師需要熟背法律條文。

六、聲音變化不夠大。說話其實就跟唱歌一樣，高低音的音域愈大愈能展現歌手的實力，演員也是一樣，若是一直用高頻的聲音說話會讓人覺得刺耳，一直用低頻會讓人想睡覺，所以如何在高興時用較高頻的聲音，難過或自言自語時用較低頻的音色，**拉大音域就能讓說話的表情豐富**。

七、**無法承受被當面糾正的挫敗，別說當演員**。各行各業都會碰到不順心、被上司指責的情況發生，所以無法將挫折化為正面能量，虛心接受指導，那千萬千萬別妄想當演員，因為不是每個導演都很有耐性，通常在時間壓迫下都會忍不住罵人的。學會適應才能生存。

其實從眾多不同類型的學生表演教學中，我也學到很快地從人的眼神與外在肢體語言解讀內在情緒。以二〇一五年十一月七日「馬習會」之外在表現分析，且不論對談內容，從握手說起，馬先生像個興奮過頭的孩子；習先生就像他的姓氏一般地習以為常，是位老神在在的長者。對談時，習先生說話節奏掌控得宜，視線聚焦在馬先生一人身上，表現出沉穩、堅定；相對地，馬先生在習先生說話時不停地動手觸碰桌上的東西，顯露出緊張與不安，更在說話時視線慣性地左顧右盼，說話節奏快慢不一，表現出迫不及待想要得到認同的內在渴望。以角色身分的演出來評比——習先生勝出。

表演沒有絕對的對與錯，只有好不好看，感不感人，表演沒有速成的，基本功要夠扎扎實實，然後還要經歷一大段時間在一齣一齣不同角色的戲裡不斷去感受、去檢查修正，才能夠領會到其中最最真實且豐富靈性的所在。

▲新竹縣藝術節的表演班。

人人都該學表演，做什麼就要像什麼，其實每個人在生活中就在角色扮演，身為總統不要演成公關主任，行銷經理不要演成財務科長，不同的身分就該恰如其分地展現出該有的樣貌，不是嗎？

哇！看來很多政治人物都該找幼芳老師上上表演課了。

非常歡迎，而且三人同行，學費可八五折優惠。

第五幕

我的 Mr. Right

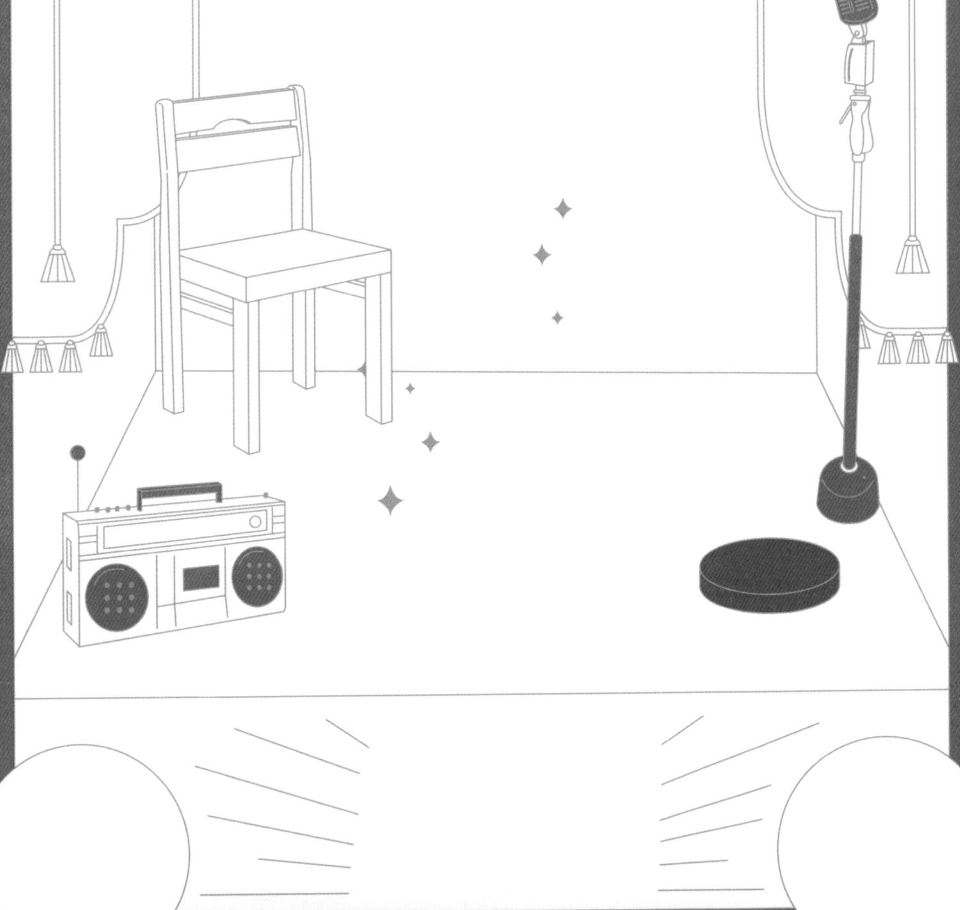

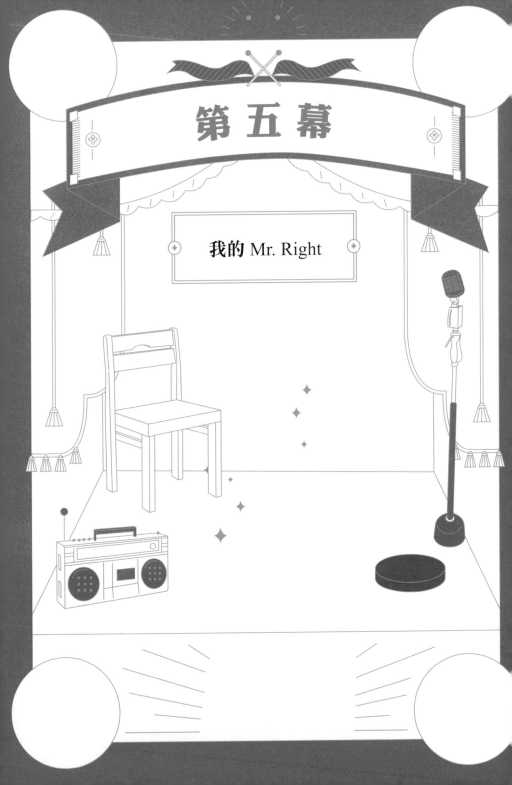

我偷了勞力士

首先我要澄清，我不是個慣竊，也不適合當小偷，小時候確實有偷過爸爸掛在牆上褲子口袋內的銅板，但馬上就被爸爸發現追著打，或許是小時候經常挨打，所以首次行竊並沒有從挨打中得到任何實質道德上的教訓。

小學時期的我，是個扎扎實實的胖妞，但和我最要好的同學徐家琪卻是班上最瘦的一個。為什麼會變得要好起來？應該是因為我們都算班上個高的，座位安排較近的關係，我認為依據身高當朋友大概是大部分人在學生時期擇友的自然定律吧。

印象最深刻的是小學五年級，有一回學校打預防針，肉多的我在打針時所展現的絕對是毫不畏懼的大將之風，也或許是打針跟在家被爸爸打比起來根本是小Case罷了！但瘦弱的家琪光是還在排隊等待的時候就已經怕到快嚇哭了，我敢說她從來都沒被她爸爸打過。輪到她時，我大氣地摟著她，讓她的頭靠在我的懷裡，好減輕她的懼怕。這次英勇的護友行為拉近我和家琪之間的友好關係。

某個週六中午，放學後家琪邀我去她家玩。第一次到她家，她家裡沒人，我對她寬敞舒適又乾淨的家，除了羨慕還是羨慕。而當她拿出她爸爸送給她的手錶給我看，還讓我試戴時，我看了又看、摸了又摸，頓時一股想要占為己有的心態就這麼膽怯又強烈地出現，我在回家前偷偷地將手錶放進了書包，一心只想把它送給從沒擁有過手錶的媽媽。

回到家，心虛又想要邀功地將手錶獻給了媽媽，謊稱是在公車站牌的座位上撿到的，爸媽看到我莫名其妙地帶了支手錶回來，既沒要送到警局招領，也沒懷疑這支錶的來源，竟還大大讚賞了我的幸運，原來這是一支價格不菲的名牌「勞力士女用錶」。

週一上學，家琪的爸爸到學校找我，記憶中徐伯伯很高，態度很客氣地將我帶至學校無人處，問我是不是不小心拿了家琪的手錶，我想壞就壞在徐伯伯跟我爸爸是截然不同的性格，沒有動怒且溫和的口氣讓我有了繼續說謊的勇氣，於是我說沒有，徐伯伯竟然也就沒有繼續追問，或是警告我要到我家找我父母，我就這麼輕易過關了。

家琪不再跟我說話，總是躲著我，離得遠遠的。家琪失去了手錶，而我失去了一直以來最信任我的好朋友。升上六年級，原本就讀的粹剛國小撤校，所有的學生都轉到民生國小就讀，家琪沒有一起轉學過來，後來聽說她出國念書，與她從此失去聯繫，我連道歉的機會也沒有。

經常看到新聞報導有人因為好久以前搭火車逃票，長大後受不了良心譴責，默默主動寄回那曾經少了的車資。每每看到這種新聞我可說是感同身受，那種受到良心譴責的心情，真的就像一顆大石頭壓在心上。

而我心上的這顆石頭，更在父母時不時提到我撿到手錶真是幸運就會狠狠加重一公斤。我經常想，如果當時徐伯伯凶狠狠地到我家找我父母質問，然後我將手錶交還，最後我被爸爸毒打一頓結束這起偷竊事件，那該有多好啊！

這次事件讓我徹底金盆洗手改邪歸正，因為後果跟下場是我承受不了的……。

做事可以失敗，做人不能失敗，當心中的惡魔引誘犯罪時，一定要將天使喚醒拯救，不要以為神不知鬼不覺就可以逃過，因為自己內心一定知道，而自己騙不過自己……。

哇靠！妳好識貨喔！一出手就是名錶，真不簡單啊！

小孩子懂個屁啊！我多希望那只是一支一百元的卡通錶就好。

小劇場

勇敢道歉的禮物

許多年前我參與演出電視連續劇《好美麗診所》的拍攝，製作人是柴智屏。這齣戲的演員包括飾演整型診所院長的余天大哥，還有飾演醫師的王耀慶、況明潔、馬世莉，加上當時尚未走紅的李沛旭、蝴蝶姐姐、陳珮騏等等，我在這齣戲飾演的是暗戀余天（飾演院長）的護理長。這齣戲讓擅長喜劇表演的我發揮得很過癮，所以 Part1 加 Part2 總共演了一百四十集，戲分很重而且每集都有我。我也為了配合戲中角色造型需要，將留了多年的長髮毫不猶豫地剪成了馬桶蓋式的短髮，也就是所謂的「豬哥亮頭」，很多觀眾都以為我戴假髮呢！

當時有個電視綜藝節目叫《壽星大發》，主持人是胡瓜，或許因為經常頂顆

▲《壽星大發》看到徐家琪，我忍不住一直哭……。

▲與家琪一塊兒慶生許願。

豬哥亮頭在電視上露臉，讓製作單位注意到我，找我上節目。這個節目的內容是幫來上節目的藝人找尋想要見的恩人或是重要的人。

當節目製作單位跟我聯絡，我立刻答應上節目，因為我真的真的希望他們能夠幫我找到小學同學徐家琪，雖然我知道她可能定居海外，也可能知道我要找她，但不願意再見到我這個當年偷了她的手錶枉顧她的信任還矢口否認的「賊」！

多年來，我一直希望有機會能當面跟家琪道歉，也希望能買一支相同的勞力士女用手錶還給她，我知道心中那顆壓著多年的石頭，唯有這麼做才能放下，也唯有這麼做我才可以原諒自己，也唯有這麼做那個早已後悔獨自承受愧疚的小女孩才能得到救贖。

錄影當天，主持人瓜哥問我為什麼想要找這位小學同學，我照實說：「因為我偷了她的手錶，想要當面道歉。」記得瓜哥當時還笑說：「小時候偷東西就要找來道歉，那麼大概很多人都有一堆人要找。」我沒細說這股巨大良心譴責的來龍去脈，也知道即使說了一般人可能也不以為然。

沒想到奢望成真，家琪竟然來到了節目現場，我難以置信激動地抱著她，連說了好幾次的「對不起、對不起……」，滿是歉意的眼淚止不住地一直流下來，我說：「請讓我賠妳一支勞力士手錶好嗎？」沒想到家琪竟然說她早忘了有這件事。這一定是家琪善意的謊言，好減輕我的罪惡感，那顆壓在心中多年的巨大石頭，就因為家琪的現身，伴隨我誠心懺悔流下的眼淚，也跟著放下了。

感謝老天給了我這個遲了三十年的道歉機會，更感謝我重新獲得中斷了三十年的珍貴友誼。現在我和家琪經常聯絡碰面，一塊兒吃飯聊天，她會算塔羅牌，我一遇到難以抉擇的大大小小事情都會找家琪算塔羅牌。

人生的際遇，人與人之間的緣分，有時巧妙到讓人傻眼，我們兩人的生日只差一天，更巧的是我們是在同一家醫院出生的。

每個人都會犯錯，勇敢面對，勇敢道歉，老天就會送你一份珍貴的禮物。此刻的你看到我的這則故事，我想這就是難得的緣分吧！

妳真的敢在電視上公開自己的罪行，難道妳不怕演藝事業從此一落千丈嗎？

妳沒聽過「知錯能改，善莫大焉」？算了！「道不同、不相為謀」，懶得理妳……更況且法律追訴權的年限是二十年，我的犯行已經超過……什麼跟什麼啊？滾啦！

我的初戀是一齣荒謬劇

我的初戀如果用戲劇來歸類，應該算得上是一齣荒謬劇。二十多歲在藝工隊，某位面貌身材都拿高分的女隊員，因為到外島演出時煞到台下的某位軍官，回到台灣就接到這位愛慕者的信，我和這位女隊員同寢室，不知是因為她收到的情書太多想要炫燿，還是可憐我這面貌身材都沒啥分數的菜鳥，她將情書與我分享，讓我過過乾癮。

那是一封用毛筆寫在宣紙上的情書，光是漂亮瀟灑的毛筆字，就足以讓人流口水，喔不，是眼睛一亮，加上超級誠懇的內容，要不動心都難。我猜想對方一定是個高帥又有內涵的有為青年，超羨慕高分學姊能收到這樣的情書；但高分學姊竟然說不打算回信。天啊！漂亮真的就是有資格任性啊！這種暴殄天物的行為真是太沒人性了，我賣力鼓動她一定要回信，可能吵到她有點煩了吧！她竟然要我假裝是她回信好了。

想像一下，一個從未戀愛過的新手，要和幻想長得像是大明星「金城武」般的對象通信，尚未下筆心中小鹿就已經開始亂撞，我開始練習把字盡量寫得漂亮一點，因為對方用的可是毛筆，用原子筆就已經失分，若是還加上字太醜，乾脆就別寫了。

第一封回信，就在我假扮高分學姊，小心翼翼又刻意賣弄幽默風趣之下順利過關得分，並且立即得到捲軸式的長篇毛筆宣紙回信。之後和「金城武」用書信你來我往地打情罵俏，成了當時規律制式生活中最甜蜜的時光。

藝工隊的未婚女隊員規定是要住宿，只有已婚者才可以每天回家。後來宿舍搬到新大樓，我被分配到和一位已婚的大姐同一間。有一天，這位大姐回家時我正在寫信給「金城武」，第二天一早她來到宿舍，我又繼續昨晚尚未寫完的情書，這位大姐驚訝地說：「天啊！妳寫信寫了一整夜嗎？」

通信通了一段時日，我確信對方已經上鉤，便將假冒高分學姊代為回信的事一五一十坦白告知，對方果然一點兒都不在乎，放心的同時也開始擔心，因為他放假回台灣想與我見面。

那時候我剛進藝工隊，被曹西平刺激瘦了六公斤，加上平時舞蹈課的訓練，我的外表已不是以往的壯妞了，用活潑開朗面貌姣好形容我一點兒也不為過，對於要和對方見面並不是很擔心。

我們相約在西門町某家西餐廳碰面。一見面我就成長了，因為「幻滅是成長的開始」。其實我並不是真的期待會有如金城武一般的王子出現，但身高一六七公分的我，見到身高一六八公分的對方，雖然長相、體格都不錯，但無法仰視而是平視對方，更別說我若穿上高跟鞋豈不是要低頭跟對方交談了？這一點我確實很在意。

我記得《慾望城市》有一集，莎曼珊跟一位身高矮小的男士約會，當她看到對方竟然比自己矮，掉頭就想走，但被對方的幽默風趣所吸引，決定再給對方一次機會，雙方在餐廳聊得開心之際，男方起身去洗手間，莎曼珊看到男方西裝標籤上寫的是「童裝部」，莎曼珊含淚掉頭離去，後來她和好姊妹承認自己無法和穿著童裝的人約會。我看到這一集就想起自己這段初戀。

初次見面就因為對方外表不符合期望而無視長久書信往來建立的情感掉頭就走，這種過於現實無情的事我做不出來，於是我忽略他的身高繼續交往。每次他放假回來，我都有種希望他最好都不要回來，只要跟我通信當筆友就好的感覺，因為寫得一手漂亮毛筆字的男人怎麼可以那麼愛喝酒？怎麼可以在回台灣的船上就將薪水全都賭輸光了？最後我在他的外套口袋內發現一張他回台的行程表，密密麻麻的行事曆，除了其中一條寫著「訪幼芳」，另外還有其他好幾個女生的名字。原來信中寫著一手漂亮毛筆字的有為青年從來都不存在。

我主動提出分手。

關於愛情，我認為一定要弄清楚自己想要的是什麼，死穴在哪裡，無法將就也無須將就，委取求全的愛情是不會長久的。另外就是一定要眼見為憑，長時間一起相處才能明白清楚，隔空幻想是不夠實際的。

陳老大！妳假冒她人在先，才談那麼一次戀愛就好像變成愛情專家一般，未免也太自我感覺良好了吧！

欸……這段初戀我可是用生命在寫情書的耶！學生時期都沒那麼認真過，我將自己的悲慘往事掏心掏肺地攤出來，好提醒像我一般愛幻想傻蛋型的菜鳥，我自認絕對夠資格得到一張好人好事代表的獎狀。

小劇場

我的愛情被判了死刑

第二段的戀情我決定不再盲目幻想，一定要先驗過貨……這樣說太過情色，是一定要見過面、相處過才行；另外，身高是我的死穴，沒有比我高上十公分，字再漂亮，人再溫柔，一律免談。

藝工隊來了位高富帥的男隊員，就稱他為「甲」好了。甲身高起碼一八三，平常是騎偉士牌機車代步，這沒什麼我知道，但偶而也會開著他姐姐的紅色跑車出場，帥哥開著跑車那可是只有在海報上才會出現的畫面啊！至於長相就像是蔣家後代的蔣友柏（還是不清楚又好奇的讀者麻煩自行上網 Google 便知），若是將藝工隊所有男隊員一字排開，你會看到無形的聚光燈打在甲身上，想要不看他都難。

一開始是從其他男隊員口中得知他對我有意思，要其他人不要跟他搶。我的天啊！我何時變成搶手貨的？我自己怎麼都不知道呢！所以當甲表明要追求我時，我當下可能點頭如搗蒜吧！也巴不得大聲警告藝工隊所有的女隊員：「他在追我、他是我的，不准搶！」

什麼叫虛榮？什麼叫麻雀變鳳凰？當時的我真的就好像《麻雀變鳳凰》那部電影中的女主角茱莉亞．羅勃茲一般，彷彿只要亮出自己是甲正牌女友的名號，所有女生都被我比下去了。

但比我年輕大膽又識貨的女隊員怎麼可能放過這可口的小鮮肉呢！在一段電影情節般的熱戀期剛過，就有那不要臉又不知廉恥又不守婦道……（#抱歉！失態了！）當著我的面，邀請甲參加她的生日趴，並沒有邀我喔！請注意，我就站在一旁，而且全世界都知道我是甲的正牌女友喔，我不准甲去，當然後來他也乖乖地沒去參加。

漸漸地，我的占有欲、防備心開始變得強烈起來。有一次，我覺得自己好像胖了一點，我問甲我是不是很胖？原本希望甲能回答我：一，才沒有呢！或是二，肉肉的才可愛！好消除我因為變胖鬱悶的心情，不料他竟然像個公正不阿的評審，誠實且不帶任何情緒地回我說：「有一點。」我當場翻臉大怒。女人永遠對自己的體重斤斤計較，不等他人開口就已經自責得要命，甲這種火上加油落井下石的答案是身為男友應該有的回答嗎？現在是怎樣？開始嫌棄我囉！

又有一次，甲半夜和其他男隊員跑去他家打麻將被我知道，我電話打不通直接殺過去大吵，牌局就這麼被我吵散了，參與牌局的其他男隊員日後見到我，就像看到鬼一般立即鼠竄。

我變得不再幽默開朗，我變成一個連自己都討厭的凶婆娘，高富帥的甲漸漸地疏離我。我想，退伍後甲一定很高興能脫離我的魔掌，搞不好還連打三天麻將以示慶祝呢！

再來的一段短暫戀情也是藝工隊的男隊員，就稱他為「乙」吧。會考慮和乙交往是因為他將一朵花放在我去演出搭乘的巴士座位上。當我跟高富帥的甲分手後，對於帥哥產生了一種「一定會別的女人搶走」的心理陰影，所以當身高一七二左右、長相普通、而且年紀還比我小的乙對我展開追求，我希望的對象不可以只有外表分數，一定要有真心誠意的行動才行。確定跟乙交往是因為他用手指印做成小鳥圖案的卡片送給我，乙有一種藝術家的沉穩氣質，話不多，在工作上相當認真，最重要的是他不打麻將，這些長處足以彌補他外在條件的失分，於是一段戀情展開。我知道阿兵哥是很窮的，所以約會時的金錢花費幾乎都由我主動埋單搞定，我還曾經拿錢給乙，讓他去買要送給我的生日禮物，因為我發現乙對於美的東西有種特殊高尚的品味，久而久之，我感覺乙似乎也習慣了我的大方，不再主動花錢買過什麼給我。乙退伍之後我們還有往來，但假日他若沒空陪我，我就會不高興，甚至到他工作的地方去找他。就在乙因為工作忙碌，有一小段時間我們沒碰面後，我衝動地寫了一封分手信給他，我記得其中最狠毒的一句話「難道你跟我交往是因為看上我的錢？」，信一寄出我就後悔了，打電話給他道歉想要挽回，他只淡淡地回答我：「妳信上都已經寫成這樣，我們還交往得下去嗎？」

離開藝工隊，我專注在工作上，再也沒有機會談戀愛了；當然也是因為工作環境沒有像藝工隊那般貨源齊全吧（好像形容得怪怪的）！反正就是沒見有哪個男人有意思追求我。我在舞台劇的表現還算出色，有一次，我姐姐打算介紹個男的跟我認識，因為我當時剛好在演出果陀的舞台劇《開錯門中門》，姐姐就跟對方說：「你先來看我妹的演出好了。」對方見到了舞台上的我，看完戲隔天打電話跟她說：「我跟妳妹應該不適合。」

後來某個機緣，和星座專家薇薇安一起吃飯，我逮到機會當面問她：「我的太陽星獅子、金星處女，要找什麼星座的對象才合適？」薇薇安雖然面帶微笑，但語氣卻是威嚴且不容置疑地說：「恭喜！沒有！」

與人相處千萬別給對方太多壓力，最忌諱以「為你好」為名，行掌控占有之實。每個人都有性格上需要修正的地方，一定要認真看待努力修正。

請問一下，妳去甲家麻將牌局大吵有沒有「冰的啦」？就是豬哥亮主演的電影《大尾鱸鰻》中的「翻桌啦」？

妳當我流氓嗎？妳想想！當兵的阿兵哥，夜不歸營進行賭博行為，如果被抓到是什麼後果？所以我當時是流著淚、語重心長地對大夥進行「軍人遵行守則與端正社會風氣」的精神喊話，只不過聲音大了些罷了！

四十歲的生日願望

稍懂星座的應該就清楚，太陽星座獅子的人，往往外在的行為模樣和性格就同獅子一般「想要當王」，好聽一點的說法是「霸氣」，中肯的說法其實就是「霸道」。一群人之中，自然而然被拱成老大的很多就是獅子座的，我在高中時期綽號就是「老大」，這點足可印證。

而金星落在處女座的人會過度分析情感，過於批評所愛的人，簡單地說，就是對於愛情有潔癖，過度的要求往往讓對方難以承受。

三十二歲正式成為專職演員，參與果陀劇場舞台劇演出。一齣戲從開始排練到演出結束，大約五到六個月左右，群體工作加上舞台謝幕時觀眾熱烈掌聲的回饋，尤其中南部巡迴一演完，固定班底差不多是同一群人，可以通宵喝酒打屁聊天，熱鬧氛圍裡，寂寞是沒有位置的。

但漸漸地有新的年輕演員加入，漸漸地隨著戲落幕，原本年齡落差較大的工作夥伴也開始各忙各的，極度反差的生活步調，致使寂寞變得巨大了起來，和自己相處時，只剩下它對你死纏爛打，它讓你無處可逃。

年齡的數字對女人而言，心理上的威脅絕對大過在不知不覺中慢慢形成的體力或是外表上的差異，十來歲時總覺得三十歲以上就是老女人了，但當自己來到三十多歲時卻不這麼認為，反而自認是獨立堅強的優質熟女，走路即使沒風也會將頭微微仰起，尤其還自認為是大明星時，那麼頭仰起的角度就更大了。

但就當我三十九歲即將邁入四十歲時，薇薇安法官在我的愛情判決書上烙印下的「恭喜！沒有！」的預言就即將要成為事實了，十三年來我的感情生活一片空白，我開始害怕，我害怕自己就要孤獨一生了，我害怕自己馬上就要變成更年期的老女人了，我害怕需要攜伴參加的場合我怎麼辦？

說到這，我要感謝因舞台劇認識的蔡琴，我們兩個挺聊得來的，有段時間我經常到她家喝小酒聊天。蔡琴知道我單身許久，經常鼓勵稱讚我是個很棒的女人，絕對值得一個好男人的追求與好好地對待。這番話對情感空白了十多年的我無疑是打了一劑強心針。經過超級大明星的背書認證，我對自己充滿信心，也認為之前不懂好好珍惜我的男人都是瞎了狗眼——抱歉！經過大明星認證過的優質女性是不應該再這般說話的——之前遇上的男人都是不對的人。（#這麼說應該好多了。）

四十歲生日，蔡琴特別買了蛋糕在她家幫我慶生，我認真地許下希望能找到一個好男人的生日願望，蠟燭熄滅，希望燃起。

我一定要有積極作為才不辜負蔡琴的好意，而且我相信蔡琴絕對可以打倒薇薇安！就在此時，好友推薦我上交友網站找對象，演藝圈美女如雲，誘惑太多，絕對不考慮，圈外人士是我的首要條件；而且網路世界無限大，想要找個圈外人應該貨源充足吧！（＃怎麼又好像形容得怪怪的……。）

於是我將自己的資料PO上去，因為擔心明星身分曝光招來不必要的麻煩，所以我沒有PO照片。這個交友網站有很多資料需要填寫，有一條是從事何種工作？我填上「藝術工作者」，我覺得這樣寫會讓自己增添幾許神祕的氣質。體重？填上了減去六公斤的數字，你們會覺得這樣很不誠實對不對？但各位一定要想想當時並沒有所謂的修圖軟體喔！我記得有條新聞有個男網友因為看了女網友修圖過後的照片，花了高額的金錢搭飛機去和女方見面，沒想到見面後發現與經過修圖後的照片上有著纖細身材美若天仙的女子判若兩人，便將女方狠狠揍了一頓，所以我沒PO照片，只不過在數字上進行了個稍加修飾的動作也就還好了，對嗎？另外還有一條是如何形容自己的身材？這一條是選擇題，選項有高挑、矮、胖、瘦等等，我考慮再三選了「豐滿」，你們會覺得我又在作弊了是嗎？並沒有喔！我穿的內衣可是D罩杯喔，如果這不叫豐滿什麼才叫豐滿呢？

資料一PO出，信件如雪片般飛來，我想應該是被「豐滿」二字吸引來的吧！因為有不少竟是已婚擺明玩一夜情的人，我沒想到「豐滿」二字竟會讓廣大男性想入非非，如果當初在如何形容自己身材一欄上選的是「壯碩」，應該就是無人問津了吧！

網站配對的男網友，從事的職業從自己開公司到公務員都有，年紀比我大的並不多，小上將近十歲的倒不少。我仔細挑選出其中一位照片上戴著墨鏡，看起來文質彬彬，職業收入都屬上等，年紀比我大上四歲喪偶的男士準備見面。

心動不如馬上行動，緣分不會主動來敲門，千萬不要給自己追求幸福的權利套上莫名的枷鎖，更不必過分放大自己的缺點，那只會吞噬了自身的優點。

欸，陳老大，我認為D罩杯是屬於豐滿沒錯啦！但真實體重超過六十公斤，三圍39、30、38的妳，擺明就是虎背熊腰，所以妳有構成詐欺的嫌疑囉！

我告訴妳！網路世界就是個充滿謊言的世界，認真妳就輸了。更何況四十歲的女人若不用點手段，要如何跟那些年輕貌美的妹妹爭啊！（＃撲倒，暗自留下傷心的淚水。）

視覺年齡重不重要？

抱著忐忑的心，還拉著好友一起陪我正式「下海」。說正經的，那是個網路交友剛開始沒多久的年代，我想大部分參與者應該都是見不得光偷偷摸摸地在進行，畢竟大剌剌地將自己放在網路上的行為，彷彿自己是淘寶網的商品一般，還不是搶手貨，是過季賣不掉的商品，而且年紀愈大、折扣就愈多，因為再賣不掉就要等著被銷毀了；所以自以為是名人的我，還來參與這場廉價競標，當然不能張揚，只能讓那一位告知我網路交友訊息的好朋友知道……此時放那英唱的「心酸的浪漫，說不清啊！」當襯底音樂最適合不過了。

好了！獅子座的人是永遠不會把心酸寫在臉上的。

跟對方約在咖啡廳碰面，好友還沒到，我獨自一人自行負責開場。到了現場，我尋了一下照片中的墨鏡氣質男，發現對方「好像」還沒到，就在我左顧右盼之際，有位「很中年」的男子向我招手，我突然了解他為什麼要戴墨鏡拍照了，因為戴與不戴的視覺年齡相差起碼十歲。還好我的演技將我失望的內在情緒遮掩住，帶著深具大將之風的微笑走了過去，一坐下，我從對方看我的眼神與表情中，我知道自己占了上風。

且稱這位先生A好了，聊了一會兒，感覺還不錯，A滿布皺紋的眼角似乎讓我沒那麼在意了。此時好友來了，A大概萬萬沒想到這種應當屬於偷雞摸狗的行為，我竟然還帶著「保全人員」，應該認為我屬於良家婦女，是來玩真的吧！

經過首次見面的驗貨，好友與我雙雙同意過關，保全人員的戲分已殺青，只剩男女主角的戲了。之後我和A有了第二次單獨吃飯加上飯後去唱KTV的約會，會提議去唱KTV是因為我對自己的歌聲深具信心，記得曾經一群人去唱KTV，我一首唱畢，其中某位導演說：「陳幼芳，妳唱得像是歌唱大賽的冠軍，其他人還需要唱嗎？」所以我知道展露歌聲是為自己加分的最佳策略。

所謂「好的開始就是成功的一半」，首次單獨約會後，我們透過電話保持聯繫，就等下次繼續碰面約會了。某個週末下午，我和媽媽、姐姐一起逛百貨公司，用餐時間到百貨公司的地下街，台北市真的太小，千萬不可以做壞事，我竟然在地下街看到了A，A也看到我了，但立刻用一種難以解讀的尷尬微笑快速草草回應了我一下，然後眼神迴避，立刻轉頭。再笨的人都看得出那是一種再明顯不過「拒絕相認」的表示，原來在他身邊有一位穿著高尚的女士，而他就像護衛隨侍在側，我像是見不得人的小三遇上在外偷腥的男人與他的正宮太太，頓時我亂了方寸，但又不能跟身旁不明就裡的媽媽、姐姐明說。我手足無措，姐姐還問我怎麼了？我只好找藉口到外面和唯一知道內情的「保全朋友」通電話，我氣急敗壞地描述過程，口氣彷彿好友應該負起把關不嚴格的責任。

再回到案發現場，A已不見蹤影，我和媽媽、姐姐吃了一頓永遠也想不起內容的餐點。

晚上，我聯絡上A，質問怎麼一回事？他說那位女士是他已過逝太太的妹妹，要他陪她逛街；我不相信，若真是如此，為何不能打招呼相互介紹一下？好！就算是這樣的關係，難道A是想讓她小姨子認為他對她姐姐將誓死效忠，連女性朋友都不能有？最後好領個貞節牌坊嗎？倘若真是如此，就不該上網交友！

我得理不饒人的態度嚇到A了，但如果要讓自己像是個見不得人的小三，我就算是孤獨終老也不願意，於是戲匆匆下檔。

男女之間交往一定不可以不清不楚。朋友妻不可欺，他人夫不可搶，所有三角關係都不會有好下場。奉勸天下還處在小三位置的女性，快快遠離，不可眷戀啊！

可是，陳老大，難道妳不覺得要找個四十多歲還單身的男人機會渺茫嗎？妳不覺得這個年紀的好男人幾乎都已經是別人的丈夫了嗎？

（#此時的陳老大啞口無言，獨自一人在KTV的包廂內唱著那英的「心酸的浪漫，說不清啊！」依然獲得高分，但沒有觀眾也沒有掌聲……。）

再戰

我的長相屬於所謂「先老起來放」的那一種，意思就是「年輕的時候感覺超齡，到了一定的年紀，歲月在我臉上放慢了腳步」，自己這樣形容很噁心，但我可是有真憑實據的。二〇一五年，一位曾經合作過多次的廣告導演邀我拍攝陽信商店街的廣告，除了戲劇表演，廣告結尾需要配合主題曲跳一段舞，跳舞對於在藝工隊待了七年、演過不少齣歌舞劇的我來說輕而易舉，看了幾遍教學錄影帶便學會了。到了定裝日，我和另外幾位年輕演員在製作公司外面的磨石子地跳給編舞老師看，順便錄影，讓廠商過目。

「人老要服輸」這句話我懂得有點慢，雖然我穿著了很不高的高跟鞋，但在摩擦力過大的石子地，再加上有可能是因為體重稍稍有些過重（只有「稍稍」喔！）的緣故，練習了幾次，一個原地單腳旋轉的動作做完後，我發現自己的左膝突然疼痛無力，但我還是將任務完成，只是我知道左膝不對勁了。幾天後，正式在信義區新光三越的行人徒步區進行拍攝，我戴著護膝上場。廣告拍攝，每個鏡頭不可能一次就OK，尤其像這種群舞，只要其中有一個人的一個小動作做錯就必須重來，跳了十來遍下來氣喘吁吁不說，我的左膝痛得快要報廢了，我只好用開玩笑的語氣跟已經很熟的導演說：「要我這種年紀的女人跳這麼多遍很不道德耶！」導演以為我在開玩笑吧！我蹣跚地走到導演身旁，跟導演說：「導演，你知道我幾歲了？」導演猜了個跟他自己差不多年紀的數字，就在我跟導演坦承我的年紀比他猜的足足大上十歲之後，他驚嚇指數頗高：「不像耶！」才後知後覺地發現我說的不道德並不是開玩笑了，接下來又再跳了兩遍，鏡頭改特寫，導演不敢繼續折騰我了。

廣告拍攝結束後，我先找了算是運動傷害的醫生治療，推拿整脊一番，敷上膏藥。醫生宣布我的左膝疼痛是因為老化造成的。「老化」這兩個字在心理造成的傷害，比身體實際的傷害還要痛啊！腳傷不見明顯好轉，於是我找了第二位醫生，這位是在電視上碰巧看到似乎很厲害的骨科醫生，就在他信心滿滿快速地檢查之後，診斷我是因為過度扭轉造成的左膝外韌帶鬆弛，打三到五次的葡萄糖胺液，加上復健就行了，我說：「不是因為老化嗎？」他笑著說：「老化？妳還早呢！」聽到這句話，要我來打一百次針我都願意！

我要強調的是，如果不是因為戲劇角色需要的裝扮，我日常中素顏的視覺年齡比實際年齡年輕不少，不少在路上認出我的觀眾，看到我本人幾乎都說我比電視上年輕漂亮好多喔！好像扯遠了，言歸正傳。

經過A先生事件之後，我從來信中挑了個在國外求學回台，工作收入條件還不錯，但年紀比我年輕個幾歲的男士B碰面。男的都不在乎女的年紀大了，女的又何必在乎是吧！上次和A先生碰面時，我是拉著介紹我上網找對象的好友一起出場，之後感覺上當又打了通滿腹牢騷的電話給她，這種當「媒人還要包生兒子」的舉動太過分了，我才不要到時沒了愛情連友情也毀滅，更何況媒人又沒收費。所以，這次我單槍匹馬赴會。

與B約在離他住的地方很近的玫瑰園碰面。我先到，等了一會兒之後，看見一位外表只達及格分數手拿一本厚厚類似相簿的男子靠近，雙方客套一番之後，B翻開他帶來的相簿開始一一介紹他長期在國外念書的種種，其中包括他交往過的女子，每個都是外國人，長得也都很漂亮。我不太懂，這種讓人感覺像炫耀戰利品式的談話內容目的是什麼？是要我認為能認識他是我的榮幸嗎？還是對於自己外表自卑，必須靠美麗女友來拉高分數嗎？這也就算了，他還時不時在談話中夾雜英語，我知道這是很多所謂「ABC」，因為長期用英文與人交談的習慣，幾個簡單的單字我還聽得懂，最後他竟然問我知不知道電梯與手扶梯的英文有什麼不同？這是幹什麼？考托福嗎？還是貴公司徵英文翻譯的面試？我當下真的很想回說：「挖哩勒，我只知道 **Shit** 跟 **Fuck** 英文的差別啦！」當然我還是保持風度面帶微笑地說不知道，於是他當起了英文老師，而我只想早點兒下課！

再來網站配對的C是位老師，家住台北，但在宜蘭教課。我當時想，當老師應該懂得基本禮貌，也應該不會隨身帶著學生畢業紀念冊，逢人就炫耀他教出多少優秀的學生吧？兩人約在忠孝東路附近的路邊。一見面，我就發現自己大錯特錯，這位為人師表的C見到我到的第一眼就毫不掩飾地從上到下從頭到腳地打量我，彷彿他是花大錢到酒店的大爺，我好像被叫來的酒店小姐，等著被客人評分好決定要不要換另外一位。我們隨便找了一家咖啡廳聊天，他的態度漫不經心，眼球隨著來往女子轉過來轉過去，彷彿我是個失明的殘障人士。如果他是我表演班的學生，我一定會模仿他的樣子給他看，告訴他，他的肢體動作透露的盡是惹人厭的極度不禮貌。終於挨過了一小段時間，掰掰，千萬不要再見面，大大鬆了一口氣。

我不打算繼續這種過於盲目的約會，太浪費生命，太浪費時間了，我決定改變策略，接下來的計畫就是：最起碼要和對方先通過電話。

我挑選了D，通電話時雙方聊得還不錯，後來他問：「妳覺得自己像哪個名人？」我說：「你先說。」D認為自己長得像好萊塢的動作明星史蒂芬．席格。

人人都該學表演，眼神與肢體語言會洩漏內在情緒，過於自我感覺良好，不斷將對談內容聚焦在自己身上，只會給人一種對他人漠不關心的炫耀感。大千世界，卻是萬萬種人性。

史蒂芬・席格耶！約出來！約出來！約出來！

嚇拉撲！（#請讀者自行唸出，然後英翻中了解其涵義。）

小劇場

屢敗之後的省思

聽到對方長得像好萊塢動作明星史蒂芬·席格，確實是有種終於挖到寶的竊喜。於是D問我：「那妳呢？」我說：「陳文茜。」

優秀的專業演員可以從對方的聲音表情進而感受到臉部的表情再進而讀出他的內在情緒。時間停格兩秒，D的音調從原本開心的高Key，直接降三度掉到失望的低Key，淡淡地回應：「啊？喔！」我讀出了他內在極度失望的情緒，原來史蒂芬·席格是不能跟陳文茜配在一起的，有肌肉就了不起嗎？人家陳文茜可是有胸又有腦啊！

很久很久以前，我有被藝工隊隊長說

▲說真的，我覺得自己年輕的時候和鐘楚紅的相似度絕對有 10%。，

長得像香港明星鍾楚紅過，但我覺得做人要誠實，更要接近事實，直到現在，每當我從電視上看到陳文茜，都還是被自己與她相似度如此之高嚇一跳。我相信如果陳文茜知道史蒂芬．席格嫌棄她，她一定會火力十足地砲轟回去吧！

再來選出E通電話，E的台灣國語讓我直接聯想到台語歌手陳雷，從史蒂芬．席格到陳雷，這……落差未免也太大了吧！何況非常客觀地來看陳雷與陳文茜，更是八竿子都打不到一塊兒呀！E是從事裝潢的，從他操台灣國語不停地說話我懂了，原來他是假藉網路交友之名，為自己行推銷生意之實來著，就如同現在有人在臉書要求加入好友，目的只是要賣東西。

▲和陳文茜的相似度絕對超過 80%。

奮戰的元氣已經傷了一大半。我只想在茫茫人海中找到一個跟我一樣真心誠意交往的男人難道是奢求嗎？不行！我得打起精神好好想想，再度改變策略。回想起來，除了年紀比我大的A感覺較為成熟外，其餘年紀比我小的都不夠成熟，我悟出了一個道理：三十多歲到四十多歲未婚的男性，大多自以為是所謂的黃金單身漢，都想在網路這片沙灘上找到一顆閃閃發亮的珍珠，卻忘了自己只不過是顆不起眼的碎石罷了！

於是我打算自設條件限制，主動出擊：

一、年紀要大我四歲。因為男女相差三點六歲為剋，相差四點七歲為合，老祖宗的智慧必須遵守。

二、星座要獅子座。我這頭女獅子發起火來的驚人態勢，其他星座是招架不住的，所以找個同樣是獅子座的對象應該可以撐久一點兒吧！

三、身高要超過一七六公分，體重七十五到八十五公斤之間。我要身形壯碩，不要骨瘦如柴，也不要胖子。

四、要外省人。我不是有省籍情結的人，但台灣國語會讓我 No Feel。

五、要住在台北。

六、要離過婚有小孩的，而且小孩要歸他。經驗告訴我，超過四十歲的未婚男子大多挑剔難搞，而且我不打算生小孩（也快生不出來了）。很早我就意識到自己男人婆的個性，唯有不斷在職場上打拚才能獲得成就感，要我當個燒飯洗衣、相夫教子的傳統女性，乾脆殺了我吧！所以對方如果有小孩就沒有傳宗接代的問題了。至於小孩要歸他這點，我認為可以看出男人是否有責任感，你們不覺得單親媽媽比單親爸爸多嗎？所以男人主動要孩子，應該是有擔當有責任感。再來，我覺得自己應該有戀父情節，從小到大我沒有被父親抱過的記憶，也沒有一張只有父親與我單獨的照片，所以找個男人當爸爸的這個選項，算是希望彌補童年時期所欠缺的父愛吧！還有還有，我覺得有過一次失敗婚姻經驗的男子，應該更懂得該如何好好珍惜新感情才對。

來回檢查一番之後將資料送出。沒想到經過搜尋，電腦畫面跳出來符合條件的竟然——只有一位、只有一位、只有一位——因為真的只有一位，所以要說三次。

「因誤會而結合，因了解而分開」，這是很多怨偶分手之後才恍然明白。知道自己要什麼這點很重要，如果不是很清楚，就先把不要的條件列出來。每一次的失敗都是為下一次的成功作足準備。在列條件時一定要相當理智才行。

靠！妳這分明是客製化、純手工打造的作為嘛！通常這樣做出來的衣服只會有一件，而且絕對不會和他人撞衫。

哎呀！一語驚醒夢中人，我的 Mr. Right 是存在的，我的 Mr. Right 是獨一無二的，我的 Mr. Right 是何其珍貴啊！

小劇場

背水一戰

量身打造的Mr. Right，英文名字叫Spencer，以下就簡稱為S，跟我一樣沒PO照片，沒關係，種種條件看來，長相應該差不到哪去，S是我最後的希望了，千萬不能魯莽猴急。平心而論，我除了表演天分高以外，我的「色誘」，喔！不！是「字誘」的功力也不差，將幽默風趣的強項化作文字吸引對方自認還行，所以這回我打算採取迂迴戰，「知己知彼，百戰百勝。」我決定先用E-mail通信，好摸對方的底，進而一步步先行審核對方是否誠實，是否真心想要找尋個伴，如果遮遮掩掩，如果連信都懶得回，那就沒啥好談的了。

我在二〇〇二年的七月五日，主動寄出了第一封信。

就這樣，從幾天一封信到一天一封、甚至兩封信的節奏進行往來，從信件中的遣詞用句與內容，可以感覺得出S是個毫不隱瞞且坦誠的讀書人。S有兩個小孩，大的是十一歲的兒子，小的是五歲的女兒，兩個孩子的監護權都歸他，假日也是與孩子一起度過，對孩子充滿愛心。有幽默感也懂得欣賞幽默，尤其一個多月筆仗的賽程進行到九局下半場，號稱Mr. Right的S，在農曆七夕情人節傳來了許多玫瑰花的圖片送我，重棒一揮，打出了個滿分全壘打，我成為了在場邊加油的觀眾，因打擊手S英勇的表現，頓時成為了他的球迷，為了他，我拍紅了雙手、喊破了嗓子，我抛出的招親紅色彩球他接到了……怪怪的，是我為他抛出了勝利的彩帶，比賽結束。但當他在信中留下電話號碼，希望我打電話給他，好約個時間見面時，失落感湧現，好想繼續打延長賽，多享受一下這種被追求的感覺……。但引人上鉤卻避不見面就像是打假球，是不符合公平正義原則的。拖拉了幾天，打電話給他，他剛好在忙沒多說什麼，只約好見面的時間與地點。

為了這次約會，我特別到美容院洗頭，將長髮吹整為氣質飄逸型，選了件黑色低胸，不，是低領的上衣，我不能過於暴露，讓S因為我的姣好身材與我交往，腳上穿的是休閒涼鞋，整體裝扮極佳。到了約好見面的咖啡廳，沒見著符合身材的男性，我點了飲料先行找位子坐下，等待。不一會兒，進來了一位身材符合且左顧右盼的男子，應該就是S了，他看見我露出「是妳嗎？」的表情，我露出為難的一笑作回應，為什麼說是為難，先不論S的長相，但穿的西裝是過時且大一號的，頭上頂著的是一個月前就該剪的雜亂髮型，我為了初次見面還到美容院「ㄙㄟㄉㄡˇ」，而S的頭髮不是擺明了他不在乎嗎？太不公平了。

他一坐定，我立刻發現了更可怕的景象，他的手指甲竟然也沒剪。對於交往的對象，除了過矮是我的死穴之外，小拇指留著過長指甲（雖然聽說是為了留來防小人）的男人，我更是抵死不從。麻煩大家想像一下，男人用他小拇指過長的指甲，掏完耳屎接著剔牙的畫面，如果有哪個女人可以接受，我建議她需要到精神科去鑑定一下。S不是這種類型——因為他是十個指頭的指甲都沒剪。（#我默默彎下腰開始去撿拾在筆仗賽中為S拋出的勝利彩帶。）

聊了一會兒之後，從S的笑容和滔滔不絕的言談中，我彎腰撿拾彩帶的速度加快，因為我發現S竟然……竟然還口吃，難道是因為見到我的美色緊張所致嗎？很抱歉，並不是，我無法再保持風度繼續演下去了，我打算用傲慢的肢體語言讓他知難而退，畢竟S這般認真賣力地演出，我卻像金馬獎評審委員一般，明知對方已落選還不告知他，太殘忍了。

我拿回發球主導權，仰著頭微微抖動翹著腳說：「你不認識我嗎？我有演舞台劇耶！」S說他從沒看過舞台劇。我繼續問：「那你有看過現在正在電視播出的《麻辣高校生》嗎？我就是那位很嚴厲的鄺主任耶！」S說他很少看電視。我再問：「那你有看過我拍的廣告嗎？我拍過很多支廣告耶！」S說沒印象。

果然，不看舞台劇也不看電視，對於所謂的肢體語言，S也察覺不出其中涵義。我繼續用大白話明示：「我建議你去大醫院的語言治療科治一下你的口吃。」這話多麼傷人啊！我痛恨這樣的自己，但S似懂非懂。就在準備道別的店門外，S竟然還想跟我握手，我技巧性地躲開了他伸過來的手，補上一刀：「我建議你的頭髮最好趕快去剪一剪。」

我用壯士斷腕的態勢轉頭離去，心中唱著李宗盛的「如果妳要離去，如果妳要離去別再回頭，別再回頭……。」眼前浮現的是愛情大法官薇薇安的臉，她狂笑說著：「恭喜！沒有！」

人往往都只看到別人的缺點，卻不見自己本身的惡行。很多故事會以悲劇收場就是自食惡果。拿著放大鏡檢視對方，卻忘了拿面鏡子照照自己。

靠！陳老大，我覺得妳應該要加入國際刑事鑑定專家李昌鈺博士的團隊，這麼仔細的檢驗態度肯定可以破解很多懸案。

（＃陳老大面無表情讀不出情緒，但內心布滿烏雲地回答）：「妳的建議很中肯。」

敗部復活

就在我與S結束第一次約會分開後，我打算用沒有目的性的逛街來悼念一段尚未開始就畫下句點的假戀情，如同懷胎十個月的母親悼念著一出世就夭折的嬰兒，就在失魂般地瞎逛途中竟然接到S打來的電話！這個男人……難道不怕死嗎？我當面狠狠地一巴掌竟然沒將他打醒嗎？他居然還開口邀我第二天出去碰面，他此番舉動完全出乎我的意料，進而引起我的好奇，加上正處於閒閒沒事和竟然可以有機會稍稍彌補自己過分之種種因素，我答應了他的要求，明天再次碰面。

回到家打開電腦，上網發現，S關閉了他的交友網頁，這表示他不想認識其他的女人了，這表示**他對我是認真的**！會這麼認為是因為，那位介紹我到這網站交友的保全紅娘好友曾告訴我，曾經有對姊妹都在這個交友網站PO了資料，沒想到聊起天來才發現姊妹兩人同時間在跟同一位男性網友交往。很多人用「騎驢找馬」的心態在網路世界尋找另一半，應該是普遍又普通的行為吧！我在幾乎要流下感動淚水的同時也關閉了自己的交友網頁。

S關閉網頁的動作，將頭髮過長、指甲沒剪的失分補了回來。第二天的約會，S剪了頭髮也剪了手指甲，雖然口吃依舊，但似乎沒那麼嚴重了，S展現出「我要追求妳」的明顯態勢，態度積極，不搞曖昧。

週末假日是他的親子日，我們會通上長長的電話，我的手機費用不斷創新高。有過一次婚姻的S，像是個從未戀愛過的大學生般癡情，我倆的戀情節奏像是在生意興隆有時間限制的餐廳用餐，服務生在一旁不斷催促提醒用餐時間快到了，我們只好狼吞虎嚥。

幾次約會後，某天晚上，他在車上輕聲細語對著坐在副駕駛座上的我說：「請不要輕易地從我的世界中離開。」這句話說得深情款款，這句話說得纏綿悱惻，這句只有在瓊瑤小說才會出現的對白，讓我彷彿化身成為了戲中的女主角，感動到淚水在眼中打轉，更重要的是，男主角沒有發生口吃的狀況。

我倆首次在外過夜的旅行約會，在第二天早上準備退房前，我坐在床邊接朋友打來的電話，S竟然單腳跪著幫我綁鞋帶，這個畫面似曾相識，對了！那是王子追趕在午夜十二點必須從舞會中離去的女主角灰姑娘，後來女主角失去蹤影，只留下一只玻璃高跟鞋，王子拿著玻璃高跟鞋到處尋找主人，最後終於找到灰姑娘，王子單腳跪下親自替灰姑娘套上合腳玻璃高跟鞋，就是這個畫面！S單腳跪下對我做出綁鞋帶的動作已經不是瓊瑤小說了，這是童話故事才會有的情節，那是王子與公主定情的經典畫面啊！

就在戀情如火如荼展開之際，母親發現我的行蹤詭異。完了！該來的躲不掉，我擔心離過婚還帶著兩個小孩的S過不了母親這一關，為了這難以回答的問題，我在上班時間跑到S公司附近，約他出來商量該怎麼回應，S果真是個有肩膀有擔當的男人，他回答：「就跟妳媽照實說啊！」

原本以為母親會反對，畢竟自己女兒未婚而且還是明星，母親自認為是星媽好一陣子了，沒必要如此委屈，但我沒想到母親輕輕鬆鬆就答應了。我想，四十歲的大笑姑婆還有男人願意「伸出援手」，做母親的感激都來不及，怎麼還會嫌棄呢！

就在我因為拍戲至花蓮人不在台北的某天，S出差到新竹，買了米粉於傍晚登門造訪，這個如同求婚的舉動把我媽跟我姐嚇了好一大跳，媽媽毫無心理準備，加上家裡也沒好好打掃，不打算讓S進門，就派姐姐到樓下去拿米粉，順便打探一番。S肩膀寬，穿上合身的西裝，只要定時修剪頭髮與手指甲是有模有樣的，姐姐給了高分，聽到姐姐描述的模樣，母親感到欣慰。遠在花蓮的我接到姐姐打來的電話，驚嚇之餘，徹底領教了獅子座的衝動根本是驚濤駭浪擋不住啊！接著母親生日，S訂了蛋糕送來。我這輩子從未被如此對待過，S不但懂事，還懂禮數，別說我了，我看我媽雖還沒見過S應該也已經深深愛上他了吧！

根據統計，在這個世界上能夠找到真正適合自己的另一半，大概只有百萬分之一，光是遇到的機率就很低了，更何況遇上之後還要知道：「賓果！就是他！」而懂得好好把握與珍惜，就又得配合天時地利與人和才行。

恭喜老大！賀喜老大！終於找到心目中的白馬王子了。

不！原來我想要找的不是王子，而是能夠將我當成公主一般對待的有心男子。

都是功課

王子與公主從此過著幸福快樂的日子……。這真的是只有在童話故事中才會有的情節，如果當真，你就輸了。

大家要記得，S和我兩個可都是獅子座的，獅子座的男人愛起來轟轟烈烈，發起脾氣來更是山搖地動。我經常在S身上看到自己，一隻被情緒綁架困在衝動牢籠裡的怒獅，誰靠近都只會落得受傷的下場。我知道那不是他願意的，就是控制不住當下的衝動，而且愈激會愈可怕，但往往冷靜下來之後馬上後悔，簡直就是我這頭火爆母獅的翻版。所以我和S相處，會用「如果是我發怒時希望對方的回應態度」來回應他，其實不難的，將自己化成溫柔的一盆水將火慢慢澆熄了就好。獅子座的脾氣來得快去得也快，順著毛安撫，對方就會變成貓，我們兩個經常交換演出火與水兩個角色，彼此輪流撫順對方身上的毛。

S的兩個孩子，妹妹的占有欲和忌妒心都很強，曾經S當她的面稱讚別的小女孩漂亮，妹妹生氣了；想要的東西S若不買給她也會怒氣衝天。剛交往時，我和S手牽手，妹妹會過來硬是要將我們兩人的手扯開。有一回，妹妹當著我和我媽媽的面，對著我說：「我不喜歡妳，我比較喜歡媽媽。」我媽聽到這句話語重心長地跟我說：「幼芳啊！好好想清楚，會很辛苦！」

和S一家三口出去玩，兩個孩子各自搶著牽S的手；四個座位的餐桌，兩個孩子都搶著要跟爸爸坐一塊兒，被排擠的我心裡很不是滋味。S也曾因此對孩子動怒，但我知道孩子就是孩子，不是送個禮物就能收買的，金錢只是最廉價的付出。

我意識到，**兩個相愛的人如果想要長久，必須努力經營將感動存摺中的存款數字提高**。S一直對待我如公主，出門在外永遠不讓我手提任何東西，甚至連女用包包都要搶著幫我拿，有時候我必須強行奪回說是要搭配衣服的，他才肯放棄。S對待我的家人也是盡心盡力，我媽媽生病住院，S特地煮了咖哩飯送到醫院給我媽媽吃。也經常幫忙開車接送姐姐與她的孩子。S挺會煮菜的，一大家子十來個人在我家聚餐，通常都是S一個人負責當大廚。所以我回饋的就是：製造和孩子單獨相處的機會好建立情感，不讓S在我與孩子之間難為。

兩個孩子相較之下，哥哥對我的態度還好，而有些女人家的事，當爸爸的S是不適合做的，所以我會經常安排只帶著妹妹到朋友家跟朋友養的狗玩；也教會妹妹如何自己洗頭；在月事還沒到來之前，就先行告知妹妹一些相關知識與如何使用衛生棉；也帶著妹妹挑選人生第一件適合的內衣。

回想起來，能夠得到妹妹的信任，要屬以下這件事了。兄妹兩個都是胖胖的，妹妹因為過重的體型，經常受到同學排擠，交不到朋友。有一回，妹妹的鉛筆盒上被同學寫上了「大肥豬」哭著回來，我問妹妹：「妳想不想減肥？」妹妹說：「想。」我說：「妳希不希望姐姐幫妳？」（#姐姐就是我，S希望跟孩子當朋友而不是小媽，當然我也樂得年輕了好幾歲。）妹妹含著眼淚說：「希望。」我跟妹妹說：「從今天開始，所有飲料都不能喝，只能喝水。」又馬上買了跳床規定她每天從跳三百下漸漸增加到六百再到八百下。同時必須在學校每天讚美三個同學，例如：妳的頭髮好漂亮！」、「妳的字寫得好好喔！」妹妹努力認真地照辦。妹妹小時候S和我參加妹妹學校的活動，遠遠地就可以從妹妹胖乎乎的身材認出她來。就在妹妹努力減肥一段時間後，有一次我和S參加妹妹學校舉辦的活動，我們找不出妹妹在哪兒了，因為她已瘦身成功，被選為舞蹈表演團隊的一員，同時也交到很多好朋友。

S和我的感動存摺中的存款數字夠高，足夠支付一路走來的風風雨雨的開銷。曾經我因為受不了日子中的磨難像發瘋似的母獅對S說出足以逼死對方狠毒的話，但一說完我就後悔了，真的以為S跑去尋短，我慌了卻遍尋不著他，當我坐在路邊不知道該怎麼辦的時候，S從對街出現向我走來，我哭著緊緊抱住他，跟他道歉，這一抱，我知道日子就算再艱辛，我都希望有他的陪伴。

二〇一六年是我和S認識第十四個年頭了，兩個孩子都大了，也都懂事了。我和S沒有結婚，也沒有住在一起，兩頭獅子保持一點兒距離是最好的安排，兩個孩子不用經常看到我，不必因為忘了剪手指甲緊張地將手藏在背後，想要我幫忙只要走幾分鐘的路程到我家就行了。另外，不結婚是因為我認為兩個人的關係如果靠的只是結婚證書那張紙來維繫，何苦呢？

S永遠都毫不吝嗇地給予我溫暖的擁抱，只要走在一起，我們永遠都是緊牽著彼此的手。果陀劇場《淡水小鎮》這齣舞台劇，從一九九四年至二〇一六年，我前後總共參與演出了二十二年，演出場次超過兩百場，劇中有句台詞是：「**一次攜手就是一生的誓約**。」每每這句台詞出現，我就會想到S和我。我也經常跟S說，下輩子換你來找我。

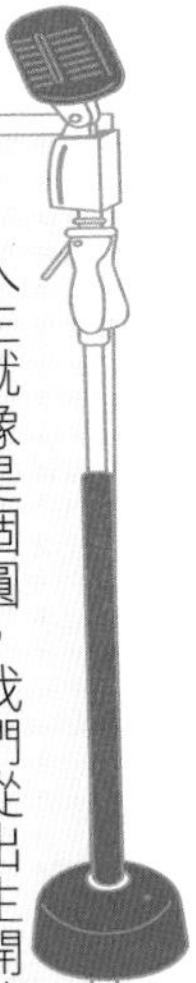

人生就像是個圓，我們從出生開始就圍著這個圓緩緩繞行，途中有挫折，有開心，有苦難，有歡樂，有失敗，有成功，每個關卡都是功課，每個過程都會有養分，尤其每回伴隨勝利成功而來的，往往都是更加嚴酷的考驗，一旦狂傲就會從頭來過。

永遠有學不完的功課，永遠都有需要勇氣才可突破的挑戰。當你夠努力並且充滿信心堅持走下去，最後你會回到終點也是起點，此時你會發現一個全然不同的自己，一個充滿驚喜與豐收的自己。

哇！陳老大的人生大戲真的好精采啊！來賓掌聲鼓勵！

別只僅顧著當個旁觀者，只要你願意，一樣可以活出精彩！

小劇場

又 1/2【後記】

我問S：「當年我們第一次見面，我這麼直白批評想拒絕你，你感覺不出來嗎？」

S：「我覺得妳很關心我。」

我：「那最後你想握我的手，我明顯地躲開呢？」

S：「我覺得妳很矜持。」

我：「那你到底是看上我哪一點呢？」

S：「覺得妳這個人挺有意思的。」

幕後

我要感謝的

我要感謝的是……

民國九十九年參與了果陀的歌舞劇《我愛紅娘》，女主角是綜藝大姐白冰冰。九十八年的母親節，冰冰姐和導演梁志民一起聽蔡琴的演唱會時坐在一起，梁導演當面邀冰冰姐演出歌舞劇，冰冰姐當面立即答應。

一年後的母親節，五月九日星期天，我們在高雄演出當天也是冰冰姐的生日。許多人都知道冰冰姐的女兒白曉燕的故事，對於冰冰姐能走出如此重大的傷痛，重回幕前，帶給觀眾歡樂，我很佩服。

這齣戲排練到最後，有一天，導演排謝幕，冰冰姐從舞台中央的樓梯走下來跟觀眾鞠躬，致敬完居然轉身向大家鞠躬致謝，導演在台下笑著說：「冰冰姐，妳不用向其他演員鞠躬。」接著冰冰姐講話，謝謝樂隊指揮，也是全劇的作曲陳國華老師，然後又感謝了台下的導演，導演坐在下又說：「冰冰姐，不用感謝我。」

我知道冰冰姐一定很納悶，為什麼不能在舞台上感謝成就這齣戲的功臣？身為資深果陀演員的我很了解果陀的謝幕模式：絕對不拖泥帶水，導演也不上台接受掌聲。我覺得梁志民導演低調到有點Over了。

或許冰冰姐覺得今天她能圓了一個夢，最大功臣就是梁導，所以演出時她不理會導演的低調論，照樣在台上用力感謝，不但如此，最後謝幕我們還加了一段戲，其中敲打鍋碗外加垃圾桶的打擊表演令觀眾印象深刻。謝幕時，冰冰姐一一將演員名字大聲唸出來。戲演完，幕落下，演員會手牽手圍成個圈，然後男主角陶爸陶傳正會先講話，鼓勵大家再接再勵，下一場要更好；接下來冰冰姐帶著大家禱告，謝謝主讓她能感受這個團體所帶給她從未感受過無私又溫暖的愛，也希望大家永遠像家人一般。

五月九日母親節，也是冰冰姐生日，我們在高雄演出。謝幕時除了推出蛋糕，低調的導演現身舞台，代表劇團送給冰冰姐一幅超大的全體演員的劇照，最後大家和台下的觀眾一起唱〈母親您真偉大〉：「……母親像月亮一樣照耀我家門窗，聖潔多慈祥發出愛的光芒……。」那天有幾家電視媒體因為冰冰姐來拍攝，我在台上唱得泣不成聲。後來新聞播報出來，有個高中同學看到笑著跟我說，我幹嘛哭成那樣？她可能認為主角又不是我，我在搶什麼戲啊？她不懂，我當時沒有多作解釋，我的感動全因為「一幅畫像」。

民國九十一年，參與果陀歌舞劇《情盡夜上海》，有一場演出致最後謝幕，低調的導演突然上台來，沒有一個演員（包括女主角蔡琴）知道他要做什麼——**他們居然推出一幅和真人一般大小的我的畫像**！我當場傻眼，這齣戲是我在果陀十年約莫是第二十齣戲了，導演在台上誇獎我，內容我忘記了，因為我感動又激動地忙著在哭。我只記得他讓坐在台下的我的母親，起立接受大家的掌聲。事後我才想起他這個行動是經過嚴密計畫的，因為之前導演問了我三次，我媽媽看哪一場，我還一度認為導演真是健忘，原來他是要讓我母親看到這一幕。

隔年，我的母親因為肝癌過世，享壽不過六十五歲，我寫了E-mail給梁志民導演，謝謝他在我母親生前所看的最後一齣戲在舞台上表揚她的女兒。《我愛紅娘》演出那天是母親節，讓我想起再也看不到我演舞台劇的母親，也想起母親生前看我演出的最後一齣戲，劇終謝幕的那一刻。《我愛紅娘》落幕，我哭著抱著導演再說了一次：「謝謝你在我母親生前看的最後一齣戲在舞台上表揚她的女兒。」導演回說：「那也是我一生中覺得最棒的事。」

感謝不嫌多，在此我還是要再次謝謝果陀劇場梁志民導演，在我母親生前看的最後一齣舞台劇在舞台上表揚了她的女兒，我想在天上的媽媽永遠記得這一幕，也會為她女兒感到驕傲的。

人生無常才是正常，很多事情錯過就錯過了，把握當下大聲說出你的感激吧！發現他人的好，別忘了讓對方知道。

謝謝我在天上的父母把我生得這麼棒！雖然小時候像「冬瓜」，或許就是因為這個綽號讓我激起一股「要做也要做個極品冬瓜」！

▲這一幕我永遠記得，這也是我讓母親感到最驕傲的時刻，感恩再感恩……。
（果陀劇場／提供）

國家圖書館出版品預行編目資料

哇！不會吧！/ 陳幼芳著 . -- 初版 . -- 臺北市：聯合文學，
2016.04
288 面；14.8×21 公分 . --（繽紛；199）
ISBN 978-986-323-155-4（平裝）

1. 陳幼芳 2. 演員 3. 臺灣傳記

783.3886　　105001210

繽紛 199

哇！不會吧！

作　　者／陳幼芳
發 行 人／張寶琴

總 編 輯／周昭翡
主　　編／蕭仁豪
資深編輯／尹蓓芳
封面設計／Liaoweigraphic
資深美編／戴榮芝
照片提供／陳幼芳　果陀劇場
業務部總經理／李文吉
行銷企劃／蔡昀庭
發行事員／簡聖峰
財 務 部／趙玉瑩　韋秀英
人事行政組／李懷瑩
版權管理／蕭仁豪

法律顧問／理律法律事務所
　　　　　陳長文律師、蔣大中律師

出 版 者／聯合文學出版社股份有限公司
地　　址／（110）臺北市基隆路一段 178 號 10 樓
電　　話／（02）27666759 轉 5107
傳　　真／（02）27567914
郵撥帳號／ 17623526 聯合文學出版社股份有限公司
登 記 證／行政院新聞局局版臺業字第 6109 號
網　　址／http://unitas.udngroup.com.tw
　　　　　E-mail:unitas@udngroup.com.tw

印 刷 廠／瑞豐實業股份有限公司
總 經 銷／聯合發行股份有限公司
地　　址／（231）新北市新店區寶橋路 235 巷 6 弄 6 號 2 樓
電　　話／（02）29178022

出版日期／ 2016 年 4 月　　初版
　　　　　2021 年 1 月 29 日　初版四刷
定　　價／ 330 元

ISBN 978-986-323-155-4（平裝）
《本書如有缺頁、破損、裝幀錯誤、請寄回調換》

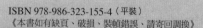

真的不容易說......
①
②
③
誰的頭啊！
④
台北火車站

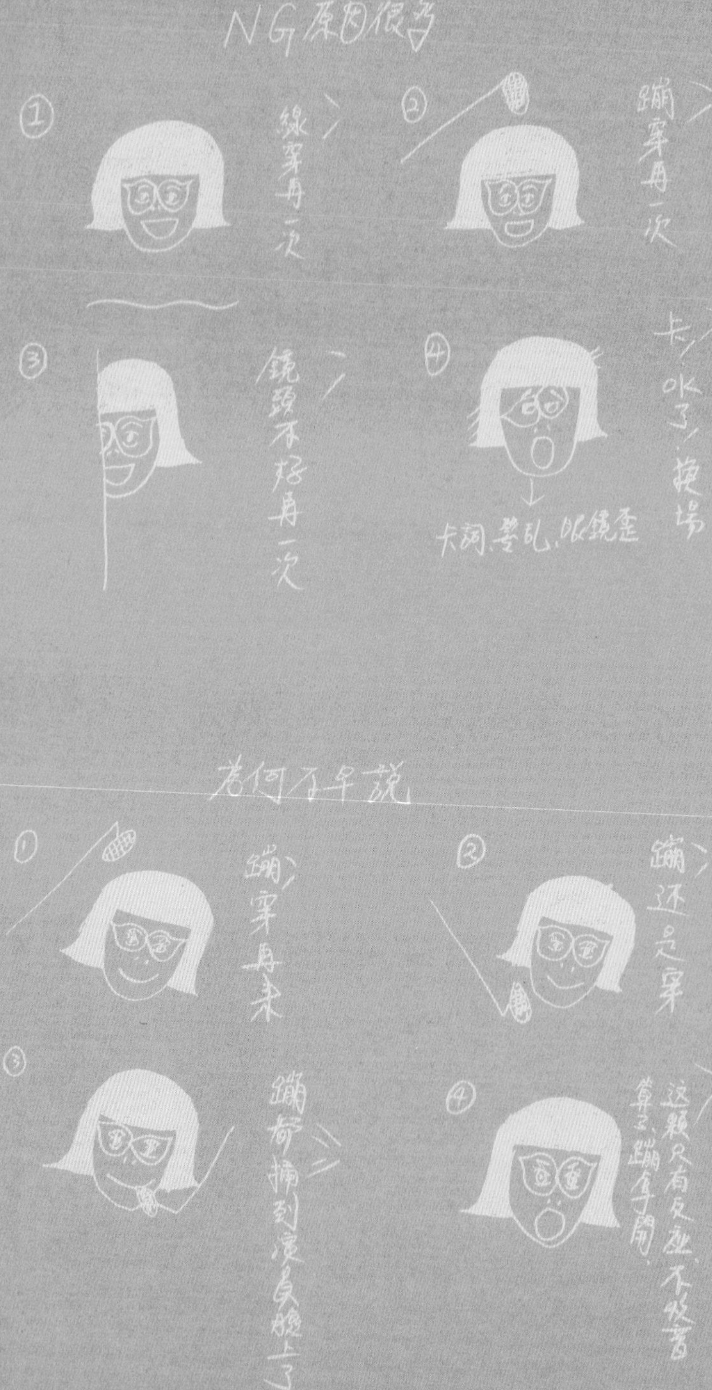
NG原因很多
①
線～穿再一次
②
蹦～穿再一次
③
鏡頭不好再一次
④
卡～水了～換場
大洞、髮亂、眼鏡歪
為何不早說
①
蹦～穿再來
②
蹦还是穿
③
蹦竟掉到演員臉上了
④
这顆只有反應、不收音
算了、蹦拿開、